LES CHANDELIERS JAPONAIS

Introduction & Guide Premiers Pas

Édition Spéciale

Siegfried R. Becker

PRÉFACE

La base de toute activité en bourse est le désir de faire fructifier son capital et de profiter au mieux des possibilités qui sont offertes par cette institution.

Mais avant d'accéder à ce marché financier profusément complexe, il faut s'initier aux usages et techniques employées. Rien que l'apprentissage du vocabulaire ou du langage boursier, son emploi et son anglicisme demandent au particulier un effort extraordinaire.

Expliquer LES CHANDELIERS JAPONAIS à un gestionnaire de portefeuilles ou Day-trader d'une institution bancaire devrait être peine perdue. Le professionnel qui n'a jamais utilisé les graphiques des CHANDELIERS JAPONAIS devrait être introuvable.

Les activités boursières se sont ouvertes aux particuliers dans les années 1980/1990, malgré une assez importante résistance de la part des professionnels. Mais beaucoup d'investisseurs privés ont pris plaisir à gérer eux-mêmes leurs portefeuilles. Seul problème : le savoir-faire et la formation !

Ce présent ouvrage, clair, compréhensible et fonctionnel,
"LES CHANDELIERS JAPONAIS, introduction & guide, premiers pas",
s'adresse en premier lieu à un large public intéressé par les analyses techniques boursières et l'utilisation des graphiques de CHANDELIERS JAPONAIS.

Siegfried R. Becker

LES CHANDELIERS JAPONAIS

INTRODUCTION & GUIDE «PREMIERS PAS»

JAPANESE CANDLESTICKS
INTRODUCTION & FIRST STEPS GUIDE

Éditeur :
BoD™ - Books on Demand
12/14 rond-point des Champs Élysées 75008 Paris / France

ISBN 13 : 978-2-322170883
Dépôt légal : 04/19

TABLE DES MATIÈRES

TABLE DES MATIÈRES (suite)

TABLE DES MATIÈRES (suite)

INTRODUCTION

Les diverses formes de l'analyse technique

La représentation en courbes ou lignes

La tendance grâce aux moyennes des cours

La représentation en BarCharts

Toute activité boursière, spécialement le placement d'argent en bourse nécessite une analyse approfondie des opportunités présentes. Actions, obligations, certificats, produits dérivés, etc. - personne ne peut s'intéresser sérieusement à cette énorme offre financière sans information sur son contenu. Les boursiers connaissent deux méthodes d'analyses très différentes l'une de l'autre : l'analyse fondamentale, qui inclut l'analyse financière, et l'analyse technique.

L'analyse fondamentale inclut une analyse financière basée sur les chiffres du support, par exemple bilans, productivités, liquidités, etc. L'analyse fondamentale s'investit en plus davantage dans la recherche d'informations relatives à la santé économique, les éventuels projets futurs et les chances de développement de l'entreprise cotée. Vu la complexité à établir un tel diagnostic, l'élaboration d'une analyse fondamentale reste le domaine des agences spécialisées.

L'analyse technique au contraire est accessible à tout passionné de la bourse, professionnel ou amateur averti. Elle nécessite quelques connaissances de base sur la manipulation de graphiques et de se familiariser avec un certain nombre de techniques de lecture et de compréhension.

Si une partie des "fondamentalistes", forte de ses connaissances solides sur les entreprises ou les valeurs cotées en bourse, doute de l'efficacité de l'analyse technique, la majorité des professionnels n'établit aucun pronostic boursier sans utilisation d'analyses techniques.

L'idéologie des "techniciens" est la suivante : Les cours du marché incluent à tout moment les données fondamentales de la valeur cotée. Dès qu'une donnée fondamentale d'une entreprise ou d'une autre valeur cotée se modifie, le cours du marché se rectifie à la hausse ou à la baisse par l'intervention d'abord des "fondamentalistes", ensuite par la synergie du marché elle-même. Pour les "techniciens", les marchés possèdent des mémoires et suivent des tendances périodiques. Elles développent par l'intervention des "techniciens" une auto-dynamique. Il suffit quelquefois qu'un cours se heurte dans un graphique d'une analyse technique à une ligne de résistance et, provoquée par cette auto-dynamique, la tendance du marché se renverse. Et ceci sans changement quelconque d'une donnée fondamentale.

Les diverses formes de l'analyse technique

L'analyse technique exprime dans ses graphiques non seulement la valeur économique de l'action, mais aussi les sentiments et les réflexions du moment des investisseurs ou boursiers.

Les analyses des GRAPHIQUES utilisent diverses méthodes et techniques. Elles se basent également sur des chiffres boursiers différents. Ces analyses des charts peuvent être appelées : outils boursiers pour la prévision du développement futur des cours.

Les principales techniques des analyses graphiques sont :

- la représentation en courbes ou lignes,
- la représentation en BarCharts,
- la représentation en Chandelier, Bougies ou Candlesticks.

Autres analyses graphiques plutôt réservées aux professionnels, car par manque d'informations le boursier particulier peut difficilement l'établir :

- le MACD est un des indicateurs les plus utilisés,
- le RSI permet de mesurer la dynamique du marché,
- les bandes Bollinger,
- les analyses ÉTÉ et ETAI,
- le mouvement directionnel,
- la méthode des points et figures,
- le mouvement directionnel,
- le momentum,
- l'ease of mouvement,
- la méthode de l'épaule -> tête -> épaule,
- et nombreuses autres...

Cette liste est forcément incomplète – nombreux traders professionnels possèdent leur analyse technique complexe et souvent tenue au secret lui promettant la réussite sûre de ses pronostics et interventions boursières.

La représentation en courbes ou lignes

Le graphique en courbes ou lignes permet de représenter l'évolution des cours boursiers en fonction du temps. Chaque cours est relié par une ligne.

Ce type de représentation graphique oblige à effectuer un choix, car il n'est possible de représenter qu'une seule information : soit le cours de clôture, soit le cours d'ouverture, soit le cours le plus haut de chaque séance....

Le graphique en ligne ne permet pas de représenter toutes les informations en même temps. Le choix porte souvent sur le cours de clôture d'une séance boursière.

Une représentation en courbes ou lignes permet la définition des lignes de support ou de résistance.

Ce graphique d'exemple représente le développement des cours d'une entreprise pendant un temps donné.

La ligne verticale du cadre indique les cours, la ligne horizontale du cadre le temps.

La courbe noire vacillante représente les cours et débute dans notre exemple à la valeur 87 au mois de janvier et se termine en janvier +12 à la valeur 119,5. Elle affiche les cours de clôture de chaque séance de cotation.

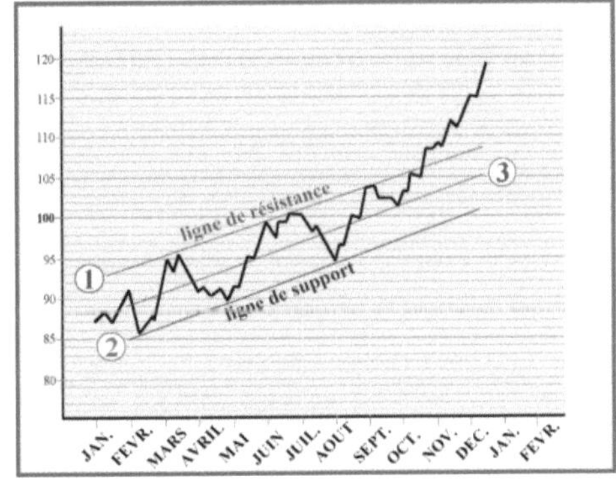

La ligne n° 1 est appelée la LIGNE DE RÉSISTANCE. Elle doit être tracée au-dessus d'au moins trois des points les plus hauts. Elle signifie que chaque phase des cours haussière se heurte à cette LIGNE DE RÉSISTANCE. La tendance haussière s'arrête et les cours redescendent dans une tendance baissière. Mais si les cours arrivent à transpercer significativement cette LIGNE DE RÉSISTANCE, les cours repartent en créant une nouvelle tendance haussière. C'est un signal d'achat très fort, en n'oubliant jamais les autres circonstances et l'environnement général du moment.

La ligne n° 2 est appelée la LIGNE DE SUPPORT. Elle doit être tracée en-dessous d'au moins trois des points les plus bas. Pendant le temps observé, aucun cours n'a transpercé cette LIGNE DE SUPPORT. Redescendus jusqu'à cette LIGNE DE SUPPORT, les cours recommençaient toujours une nouvelle série haussière. En respectant les données générales du marché, l'arrivée du cours au point de support peut être également un signal d'achat.

La ligne n° 3 doit rester dans le domaine des spécialistes. C'est une ligne parallèle de la ligne de résistance ou du support. Ces lignes intermédiaires donnent de précieuses indications à court et à très court terme, mais exigent une grande expérience du trading.

Les lignes n°1 et n°2 sont largement significatives pour celui qui fait ces premiers pas en bourse. Elles peuvent être une aide précieuse pour la prise de décision.

La tendance grâce aux moyennes des cours

La ligne des cours dans un chart ou graphique technique est composée de nombreux pics qui représentent les fluctuations des cours.

Ces pics peuvent être lissés en appliquant une courbe représentant les moyennes des cours.

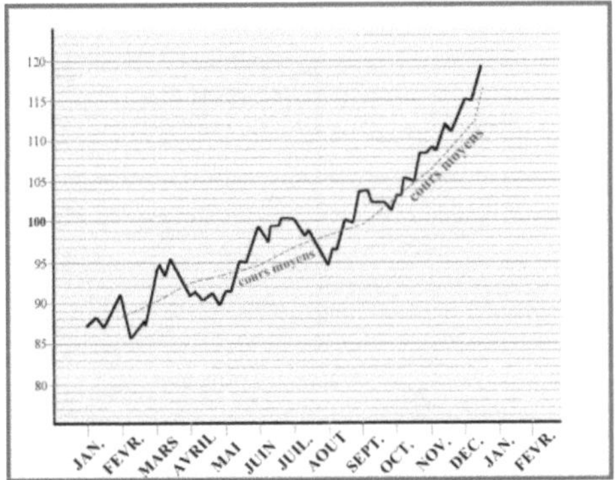

Pour la définition de tendances grâce aux moyennes des cours on trace en général une ligne comprenant 38 ou 200 séances de cotations. Autrement exprimé : on additionne les cours de 38 ou 200 séances pour diviser ensuite le résultat par 38 ou 200. Ce nouveau résultat représente le COURS MOYEN. Pour tracer la ligne des COURS MOYENS il est nécessaire de recommencer ce calcul après chaque séance de cotation.

En traçant une courbe représentant la moyenne des cours, le boursier retrouve la ligne vacillante des cours soit au-dessus du cours moyen, soit en-dessous. Ou autrement dit, avec ce graphique, il place cette action dans une tendance haussière ou baissière.

Un signal d'achat se crée au point où la ligne des cours traverse la ligne des COURS MOYENS d'en bas vers le haut. Dans le sens contraire, un signal de vente se crée au point où la ligne des cours traverse la ligne des COURS MOYENS du haut vers le bas.

La représentation en BarCharts

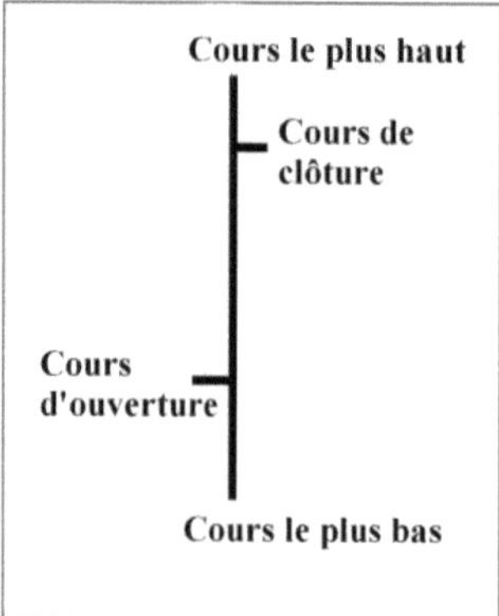

Les BarCharts utilisent un trait vertical qui correspond à la variation du cours entre le cours le plus haut et le cours le plus bas de la séance. Ce trait vertical est appelé "range".

Le cours d'ouverture est matérialisé par un petit trait horizontal à gauche.

Le cours de clôture est présenté par un petit trait à droite.

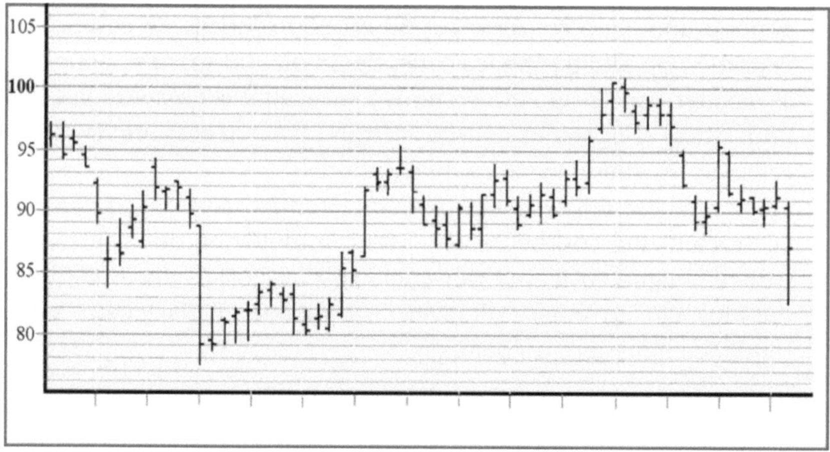

Les analyses techniques à l'aide des BarCharts sont surtout utilisées par les professionnels. Plus faciles et plus rapides à établir qu'un graphique des chandeliers, les BarCharts exigent des années d'expérience à cause de la moins bonne lisibilité.

Les CHANDELIERS, Bougies ou Candlesticks

Les CHANDELIERS JAPONAIS, appelés par les professionnels "CANDLESTICKS", sont apparus au Japon vers 1740 pour l'utilisation sur le marché à terme du riz. L'analyse technique à l'aide des chandeliers japonais jouit d'une popularité croissante. Grand nombre de traders professionnels sont adeptes des CANDLESTICKS et nombreuses institutions boursières incluent dans leurs décisions d'investissements une analyse technique basée sur les chandeliers Japonais.

Les graphiques de CHANDELIERS JAPONAIS peuvent être utilisés aussi bien en "Day-Trading" que pour des placements à terme. Plus que tout autre type de graphique, les CHANDELIERS JAPONAIS indiquent l'état d'esprit des investisseurs. Même si aujourd'hui, grâce à la technologie moderne, l'homme n'intervient que de moins en moins dans la fixation des cours et les transactions boursières, l'esprit et la morale des investisseurs restent un facteur très important. Car en dernière instance, c'est encore et toujours l'homme qui décide, soit en gestionnaire du parc des systèmes informatiques, soit en tant qu'investisseur et teneur de portefeuilles. Le succès des CHANDELIERS JAPONAIS est basé sur le taux de réussite dans la prévoyance des changements de tendance des cours.

Dans un Chart des CHANDELIERS JAPONAIS peuvent apparaître des indicateurs signalant un changement de tendance présenté par un seul chandelier. D'autres figures demandent deux, trois voire plusieurs chandeliers ou "bougies" avant d'exprimer avec une certaine fiabilité l'esprit des acteurs du marché. C'est naturel et logique que la valeur informative et le résultat des prévisions ne peuvent que s'améliorer par plusieurs chandeliers regroupés dans des formations plus ou moins complexes.

La littérature japonaise connaît un grand nombre de formations de chandeliers qui indiquent soit un changement de tendance, soit une continuité de la tendance boursière. Les deux figures les plus célèbres sont "L'ENGLOBANTE", aussi appelée "L'AVALEMENT", et "LE MARTEAU" qui peuvent être utilisées dans une tendance aussi bien haussière que baissière. D'autres formations aussi connues portent des noms illustres tels que "ÉTOILE DU MATIN", "LA TOUPIE", "NUAGE NOIR" ou "TROIS SOLDATS BLANCS".

Néanmoins, aussi significatif que peut être le décodage d'un graphique de CHANDELIERS JAPONAIS, aucun particulier raisonnable ne prendrait une décision d'achat ou de vente basée sur un seul signal venant d'une analyse technique.

À la différence des BarCharts qui représentent quasiment les mêmes informations que les chandeliers, les derniers disposent d'une dimension supplémentaire : la psychologique des opérateurs qui se traduit grâce à la visualisation des forces d'achat par des chandeliers blancs, ou des forces de vente par ses chandeliers noirs.

La figure des chandeliers japonais exprime quatre cours d'une séance boursière :

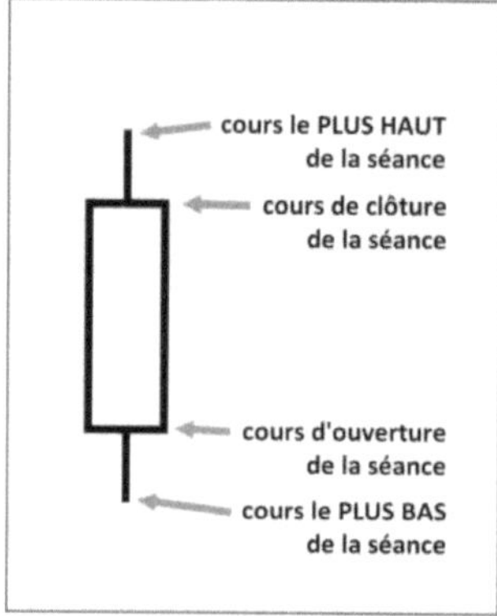

- le cours d'ouverture, le premier cours proposé à l'ouverture de la séance ;
- le cours de la clôture, le dernier cours proposé à l'ouverture de la séance ;
- le cours le plus haut pendant la séance, signalé par un trait au-dessus du corps ;
- le cours le plus bas pendant la séance, signalé par un trait en-dessous du corps.

Les deux cours, celui de l'ouverture et celui de la clôture, donnent une indication sur la tendance haussière ou baissière de la valeur.

Si le cours d'ouverture est plus bas que le cours de clôture, la tendance est haussière. L'action a été échangée plus chère à la fermeture qu'à l'ouverture de la séance. Le chandelier est présenté par un corps BLANC ou, dans les graphiques colorés, par un corps vert.

Logique du marché : les investisseurs jugent le prix de l'action "bon marché" et ils croient à une monté du cours.

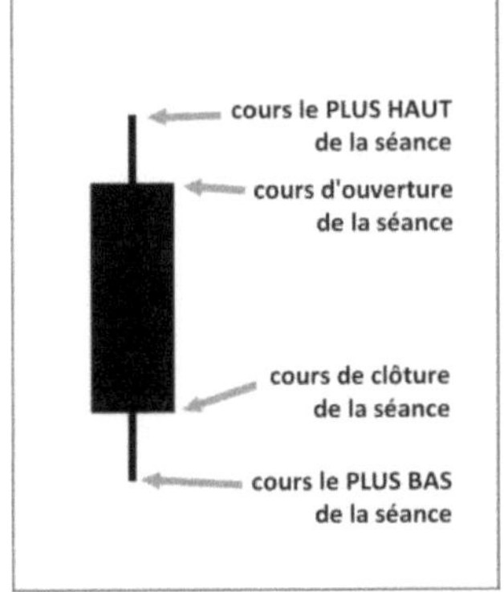

Si le cours d'ouverture est plus élevé que le cours de clôture, la tendance est baissière. Pendant la séance le cours a baissé. Le chandelier est présenté par un corps généralement NOIR ou, dans les graphiques colorés, par un corps rouge.

L'action a été échangée moins chère à la fermeture qu'à l'ouverture de la séance.

Logique du marché : les investisseurs jugent le prix de l'action "trop cher" et ils croient à une descente du cours.

La psychologie des boursiers s'exprime dans la longueur des corps des bougies. Plus le corps est long, plus les boursiers sont tentés de croire en la tendance haussière ou baissière, selon la couleur du chandelier.

Mais les ombres, les traits au-dessus ou en-dessous du corps des chandeliers, peuvent être aussi importantes.

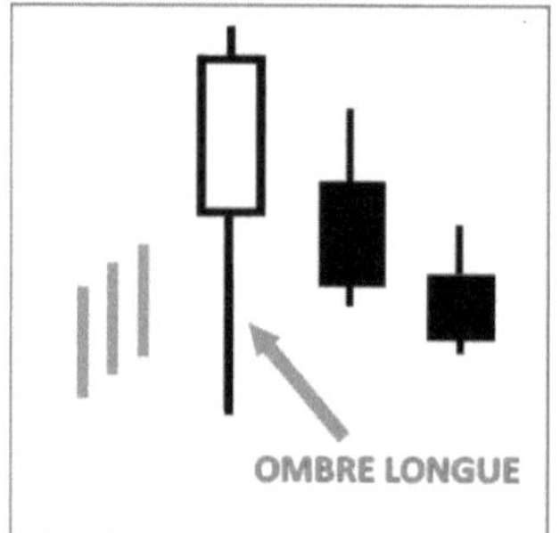

Par exemple : une ombre très longue en- dessous du corps d'un chandelier en tendance haussière peut annoncer un changement de tendance vers la baisse.

Logique du marché : Le cours se trouve actuellement au plus haut et les boursiers profitent pour vendre et encaisser les plus-values. L'ombre longue vers le bas indique que des cours très bas étaient validés pendant la séance. Il est même possible qu'il se crée une nouvelle ligne de résistance.

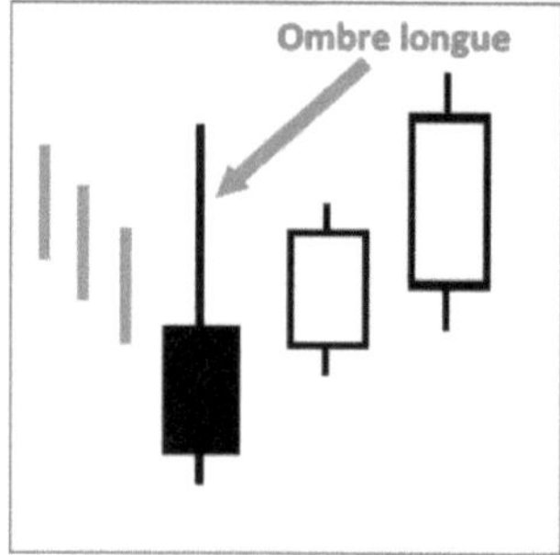

Une ombre très longue au-dessus du corps d'un chandelier dans une forte tendance baissière peut annoncer un changement de tendance vers la hausse.

Logique du marché : Le cours se trouve actuellement à un niveau très bas et les boursiers se positionnent en achat. L'ombre longue vers le haut indique que des cours très élevés étaient validés pendant la séance. Il est possible qu'il se crée une nouvelle ligne de support.

Ceci dit, les Chart des chandeliers Japonais sont grâce à leurs formes et leurs positions dans l'ensemble de chaque configuration très expressives et instructives. Naturellement, il faut savoir les interpréter correctement et si possible les utiliser conformément dans les actions en bourse.

Néanmoins, il faut toujours se rappeler qu'une action en bourse ne doit pas être engagée sur un seul indice.

PRÉSENTATION et UTILISATION du livre

Les pages suivantes sont consacrées à la description de 78 chandeliers et configurations de chandeliers les plus utilisés.

Sur la page d'appel de chaque chapitre le lecteur peut trouver en forme de petits mini-graphiques un résumé des chandeliers démontrés dans le chapitre concerné.

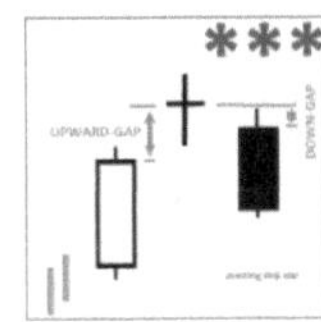

Certains de ces mini-graphiques, comme d'ailleurs certains graphiques de chandeliers à l'intérieur de chaque chapitre, sont munis d'étoiles. Ces étoiles représentent la fiabilité des signaux donnés par ces configurations.

***   Trois étoiles = fiabilité forte.
**   Deux étoiles = fiabilité moyenne.
*   Une étoile = fiabilité faible.

La fiabilité décrite ne peut être qu'une suggestion en interprétant l'expérience de la majorité des boursiers professionnels travaillant quotidiennement avec cet outil, les chandeliers Japonais.

Si cette fiabilité représentée par des étoiles n'exprime que l'expérience de la majorité, et non pas de la totalité des professionnels, il y a forcément une autre partie de traders qui défend une opinion différente. Ce qui est totalement normal, car la bourse ne fonctionnerait pas s'il n'y avait pas deux avis souvent complètement opposés sur leurs interventions en bourse. Il y a les vendeurs et il y a des acheteurs. Un vendeur en proposant ses papiers pense que ses actions ne prendront plus de valeur, et l'acheteur en achetant ces actions croit à une plus-value de ces mêmes actions. Et les deux sont convaincus de faire une bonne affaire !

Et attention aux FAUX signaux ! Seules l'expérience personnelle et la pratique des Charts de chandeliers Japonais procurent au boursier le savoir de partager les vrais des faux signaux.

Ceci pour se rappeler qu'un boursier raisonnable ne prendra jamais une décision basée sur un seul indice, soit-il aussi convainquant qu'un chandelier Japonais avec un grand coefficient de fiabilité. Soit que les séances suivantes apportent confirmation, soit que la confirmation arrive par un signal d'une autre analyse technique ou fondamentale.

Pour faciliter la compréhension d'une combinaison de chandeliers, le lecteur est invité à se positionner sur le DERNIER chandelier de la combinaison.

...voir page suivante

 Si ce dernier chandelier a une forme spéciale, soit très courte ou très longue, soit sans ombre ou avec des mèches ou ombres très longues, etc., le boursier ouvre directement le **CHAPITRE 1.**

Les chapitres suivants sont classés selon les tendances précédant le dernier chandelier pour que le boursier puisse identifier plus facilement la présence ou l'absence d'une formation de chandeliers intéressante. Pour ce faire, le boursier examine le dernier chandelier à droite sur son graphique à déchiffrer et continue de regarder vers la gauche sur le graphique en visualisant les chandeliers précédents le dernier pour découvrir la tendance générale des séances antérieures, haussière, baissière ou neutre.

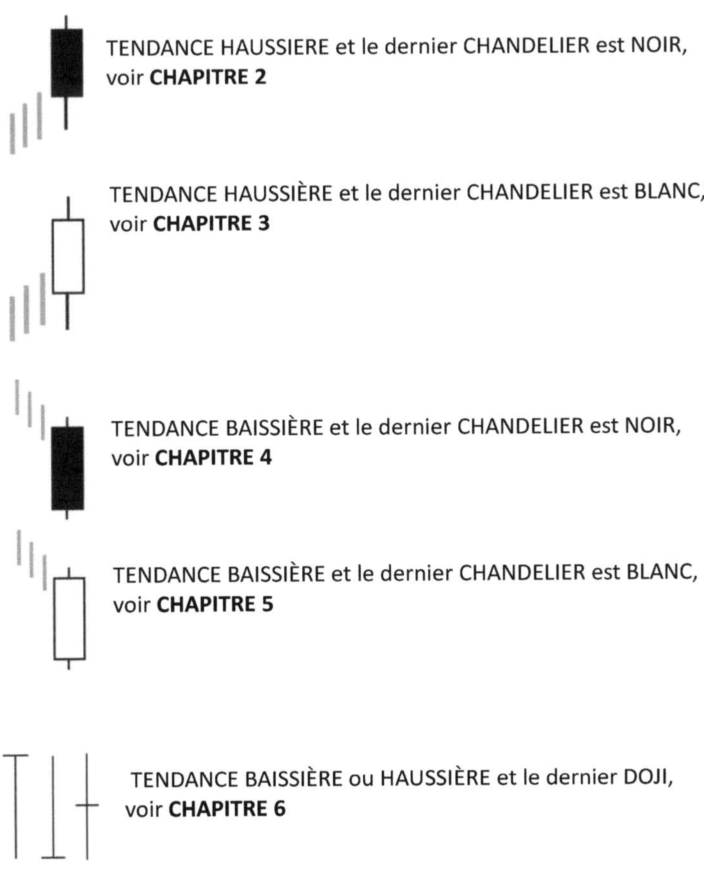

Chapitre 1

CHANDELIERS – configurations composées d'une seule figure

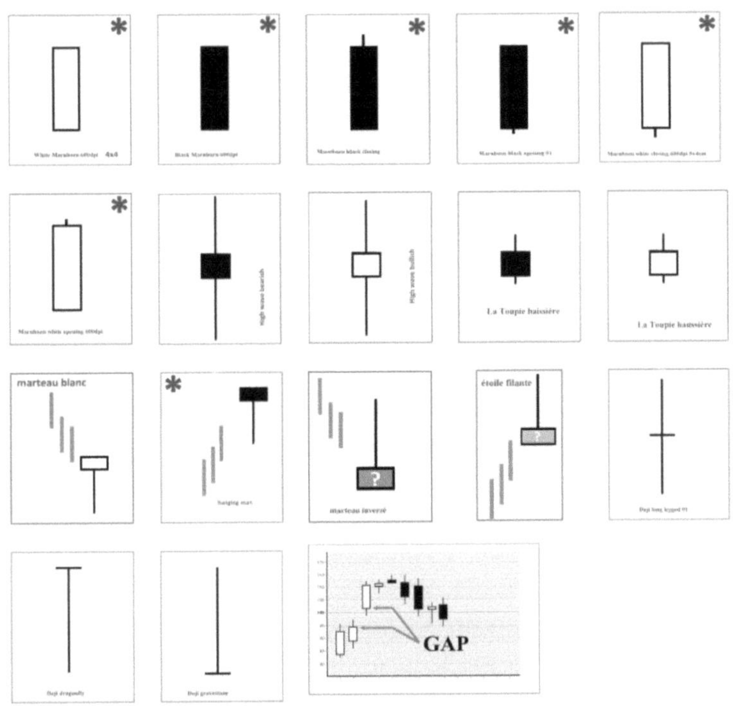

Rappel de la signification des étoiles :

✳✳✳   Trois étoiles = fiabilité forte.

✳✳   Deux étoiles = fiabilité moyenne.

✳   Une étoile = fiabilité faible.

MARUBOZU BLANC
White Marubozu

Une figure basique des chandeliers japonais est le Marubozu. C'est un grand corps blanc sans ombre.

Le cours d'ouverture du MARUBOZU BLANC est le cours le plus bas de la séance. Pendant la séance le cours a grimpé jusqu'à la clôture qui se fait sur le cours le plus haut.

L'absence d'ombres aussi bien en-dessous qu'au-dessus du corps indique que pendant toute la séance le cours n'est jamais descendu en-dessous du cours d'ouverture et n'a jamais dépassé le cours de clôture.

Logique du marché : pour qu'une telle figure se crée, il faut que la demande de la part des acheteurs soit très forte en provoquant la montée du cours. Cette force acheteuse s'exprime par la longueur du corps. Plus le corps est important, plus le chandelier demande de l'attention. D'ailleurs, un MARUBOZU BLANC petit en taille n'a que rarement une signification et ne devrait trouver que peu d'attention.

Le Marubozu est souvent un résultat de rumeurs ou d'informations surprenantes et quelquefois excitantes pour les boursiers. Attention, si le Marubozu peut montrer une demande puissante, il peut exprimer également une demande excessive et qu'une consolidation pourrait avoir lieu.

Ce chandelier exige une confirmation dans les séances suivantes incluant un regard profond sur les séances passées. Le Marubozu est souvent le début d'une formation de continuation haussière ou, et là réside le danger, d'une formation de renversement à la baisse.

L'analyse technique à l'aide des chandeliers est un outil formidable. Mais cet avertissement montre aussi les faiblesses des analyses techniques. Si on regarde l'ensemble d'un graphique après quelques séances, il est facile de s'apercevoir ou de reconnaître des signaux d'achat ou de vente. Mais si on se positionne sur le dernier chandelier ou Chart pour définir la symbolique

de celui-ci et prévoir la poursuite boursière, haussière ou baissière, les choses sont beaucoup plus difficiles.

Exemple 1 :

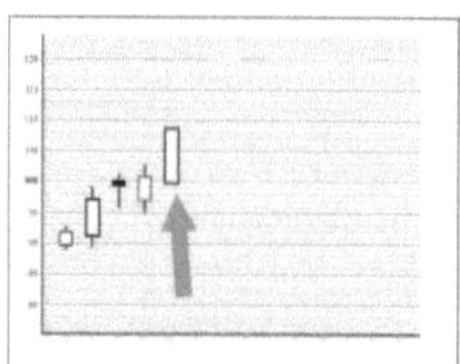

Une séance clôture avec un important Marubozu blanc et les séances précédentes présentent une tendance haussière. Es-ce un signal de continuation de la tendance haussière ?

Logique des acheteurs : une rumeur sur un éventuel rachat de la société par un concurrent, (OPA), avec but de racheter le maximum d'actions sur le marché, qui laisse prévoir un rallye du cours vers le haut. Cette montée haussière durera tant que le concurrent ne possède pas la quantité d'actions souhaitée.*

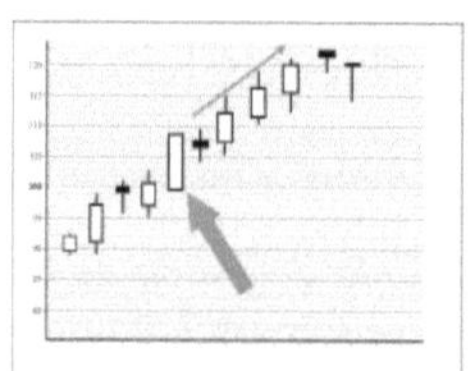

Aidées par la rumeur, les séances suivantes confirment la tendance haussière.

Exemple 2 :

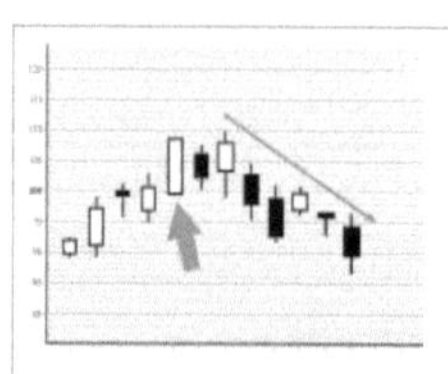

Malgré la présence d'un grand Marubozu blanc les séances suivantes se présentent tout autrement : une tendance baissière s'installe.

Logique des vendeurs : la rumeur a été contredite par l'entreprise concurrente qui n'a aucune intention de rachat d'une société quelconque. Les spéculateurs sur le rachat de l'entreprise sont déçus et revendent les titres déjà achetés.

Ces exemples montrent qu'une décision ne doit que rarement reposer sur UN SEUL PRÉSAGE. Si le décideur ne peut attendre quelques séances suivantes, il faut qu'il recherche d'autres indicateurs boursiers, comme par exemple la quantité des titres échangés pendant la séance du grand Marubozu blanc. Si la quantité de titres vendus est minime, le Marubozu n'a aucune signification. Si au contraire la quantité de titres échangés est importante, on peut accepter le Marubozu blanc comme signal fort d'achat.

LONG DAYS – SHORT DAYS

Les chandeliers blancs ou noirs très grands ne possédant que de petites ombres sont appelés "Long Days". L'écart entre le cours d'ouverture et le cours de clôture doit être très important.

A l'opposé, les petits chandeliers sont appelés "Short Days".

Pour être déclaré "Long Day", le corps du chandelier doit être comparé avec le corps du chandelier de la séance précédente. Les spécialistes des chandeliers du Japon exigent, pour qu'un chandelier soit désigné comme "Long Day", qu'il possède une taille d'au moins trois fois la taille du chandelier lui précédant.

Logique du marché : apparait un "Long Day" blanc après plusieurs séances haussières, ce chandelier blanc peut être le début d'une nouvelle série importante de séances haussières. Ce "Long Day" peut devenir le premier chandelier d'une nouvelle ligne de support. Apparait au contraire, dans une longue série de chandeliers haussiers un "Long Day" noir, celui-ci doit être interprété comme signal d'alerte. Il peut exprimer la fatigue des acheteurs et annoncer la fin de la tendance haussière.

Le poids comme signal des "Long Days" est beaucoup plus important que celui des "Short Days".

"Long Day" blanc ou "Long Day" noir, de toute façon, aucune décision ne doit être prise sans confirmation d'au moins une ou deux séances suivantes ou d'un autre indice boursier.

MARUBOZU NOIR

Black Marubozu

Contrairement à son semblable MARUBOZU BLANC, le MARUBOZU NOIR n'a qu'une faible puissance.

Cela vient du fait que pour qu'un MARUBOZU BLANC se dessine, il faut que la demande des acheteurs soit très forte et fasse monter le cours.

Alors que pour la création d'un MARUBOZU NOIR la seule inertie du marché peut suffire.

Logique du marché : c'est en principe un chandelier qui exprime l'incertitude, beaucoup de méfiance de la part des acheteurs et une disposition des vendeurs à servir le marché.

Le MARUBOZU NOIR seul dans un graphique ne peut être un signal fiable.

Le MARUBOZU NOIR, plus encore que le MARUBOZU blanc, demande toujours confirmation, soit par des chandeliers d'une ou deux séances suivantes, soit par une observation du volume d'actions échangés. Seul un important volume échangé peut transformer un signal faible du Marubozu en un signal de décision.

MARUBOZU NOIR DE CLÔTURE

Black Closing Marubozu

Ce MARUBOZU NOIR DE CLÔTURE ou "Black Closing Marubozu" diffère du MARUBOZU NOIR seulement par une ombre supérieure très courte.

Cette ombre s'est désignée très peu de temps après l'ouverture de la séance.

Logique du marché : un court instant le cours a essayé de monter en créant le cours le plus haut de la séance, mais la demande d'achat n'a pas suffi pour endiguer la vraie tendance de la séance vers la baisse.

C'est un signal classique d'avertissement souvent rencontré à la fin d'une tendance haussière.

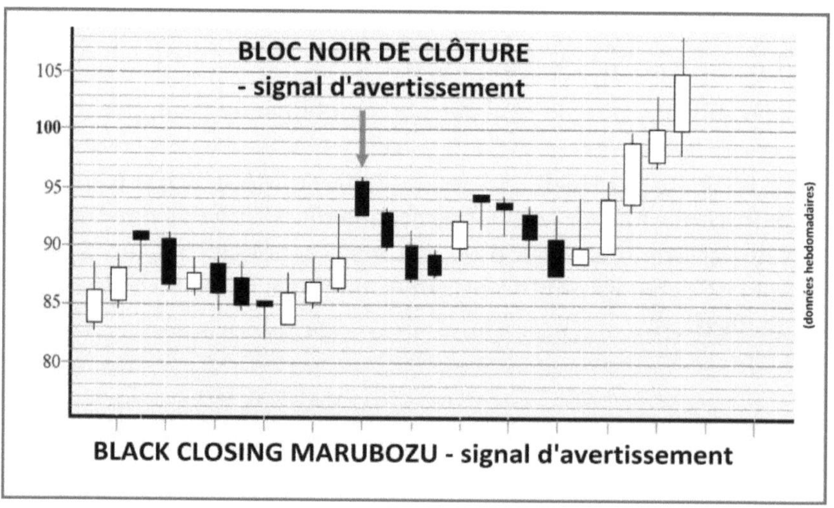

Mais comme tous les MARUBOZU NOIRS, c'est un signal faible et d'autres indices sont nécessaires pour une prise de décision.

Black Opening Marubozu

Le MARUBOZU NOIR D'OUVERTURE ou "Black Opening Marubozu" diffère du MARUBOZU NOIR seulement par une ombre basse très courte.

Logique du marché : pendant la séance baissière un cours de clôture encore plus bas a pu être évité de justesse.

La tendance générale reste à la baisse.

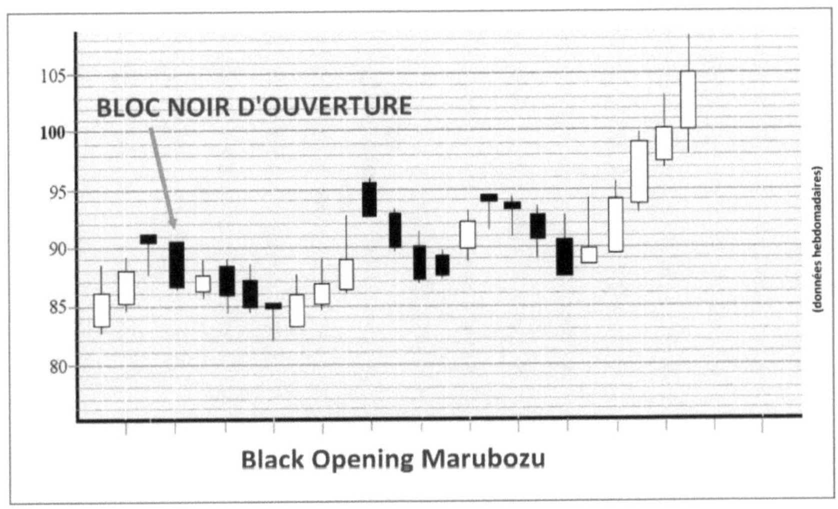

Black Opening Marubozu

Aucune prise de décision ne peut être envisagée.

White Closing Marubozu

Ce MARUBOZU BLANC DE CLÔTURE ou "White Closing Marubozu" diffère du MARUBOZU BLANC seulement par une ombre basse très courte.

Logique du marché : Cette ombre s'est désignée très peu de temps après l'ouverture de la séance. Momentanément le cours a essayé de descendre en créant le cours le plus bas de la séance, mais la demande d'achat a été trop forte pour terminer la séance en vraie séance haussière.

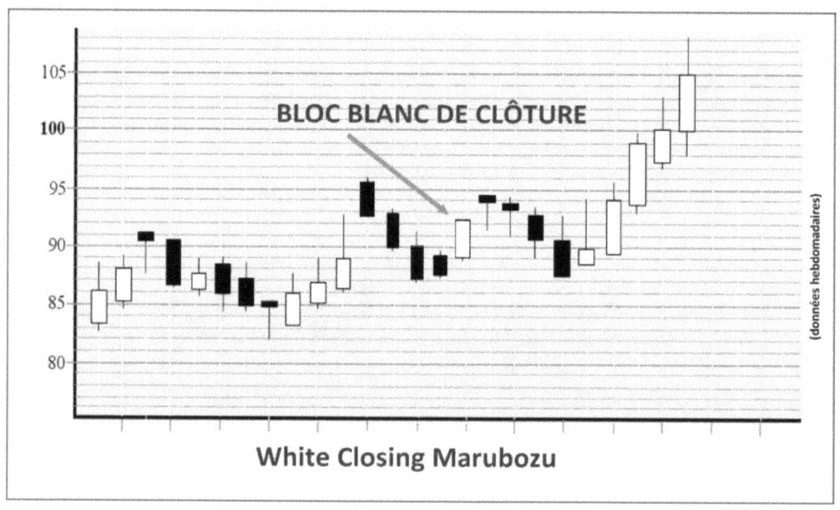

C'est un signe assez vague pour oser un pronostic sur la tendance future.

MARUBOZU BLANC D'OUVERTURE

White Opening Marubozu

Le MARUBOZU BLANC D'OUVERTURE ou "White Opening Marubozu" diffère du MARUBOZU BLANC uniquement par une ombre haute très courte.

Logique du marché : pendant une séance haussière le cours le plus haut n'a pas pu être gardé. Le cours de clôture se situe très peu en-dessous du cours le plus haut de la séance.

C'est la longueur du corps de chandelier qui exprime sa force. Un chandelier seul ne possédant qu'un petit corps n'a aucune signification. Seul un grand MARUBOZU BLANC D'OUVERTURE avec une très petite ombre haute peut être considéré comme significatif pour une ambiance haussière.

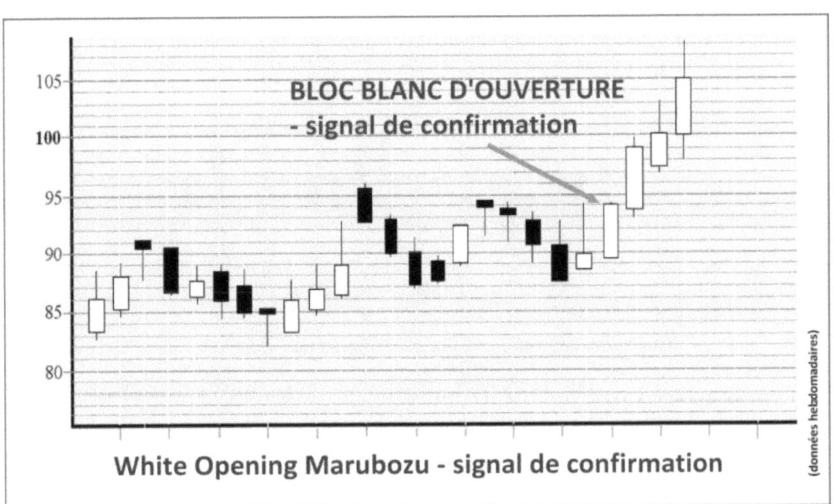

White Opening Marubozu - signal de confirmation

Aucune décision ne peut être prise sans indices supplémentaires.

HAUTE VAGUE BAISSIÈRE

High wave bearish

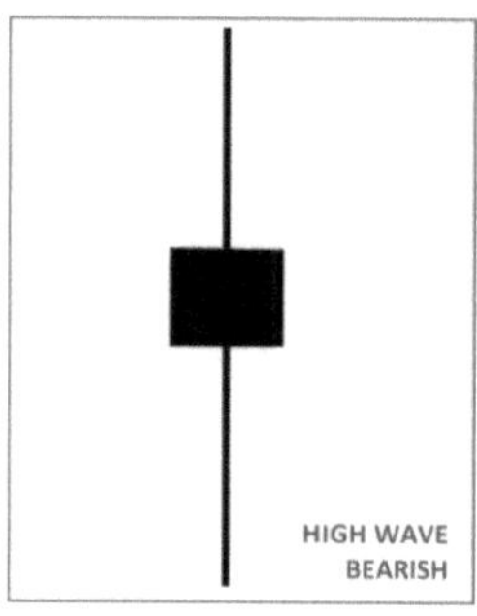

La figure appelée HAUTES VAGUES est composée d'un petit corps noir et de deux longues ombres aussi bien vers le haut que vers le bas.

Logique du marché : cette figure exprime l'indécision totale des boursiers – peu de variation entre le cours d'ouverture et de fermeture, mais pendant la séance les tentatives de baisser ou de monter le cours étaient nombreuses et fortes.

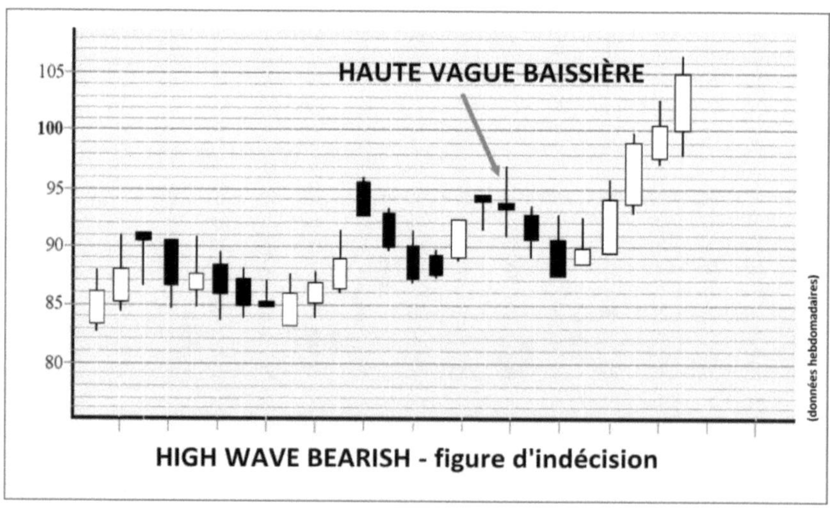

Un petit corps et des ombres longues témoignent d'une séance boursière sans intérêt. Les séances suivantes peuvent adopter un caractère haussier ou baissier.

HAUTE VAGUE HAUSSIÈRE

High wave bullish

HAUTES VAGUES BAISSIÈRES ou HAUTES VAGUES HAUSSIÈRES, leurs interprétations sont identiques. Ces figures ne possèdent pas de significations spécifiques.

Logique du marché : cette figure exprime l'indécision des boursiers – peu de variation entre le cours d'ouverture et de fermeture, mais pendant la séance les tentatives de baisser ou de monter le cours étaient nombreuses et fortes.

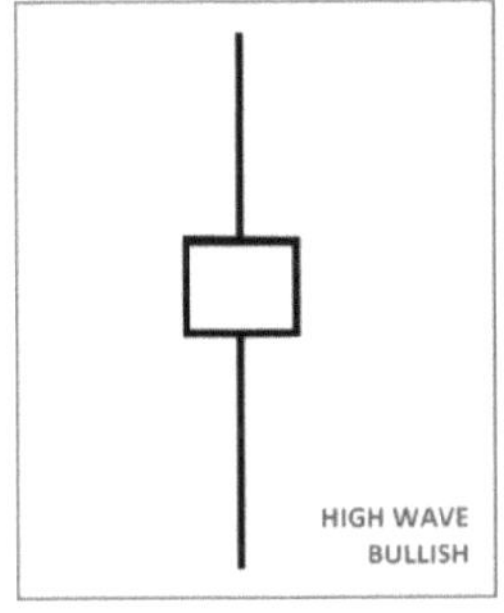

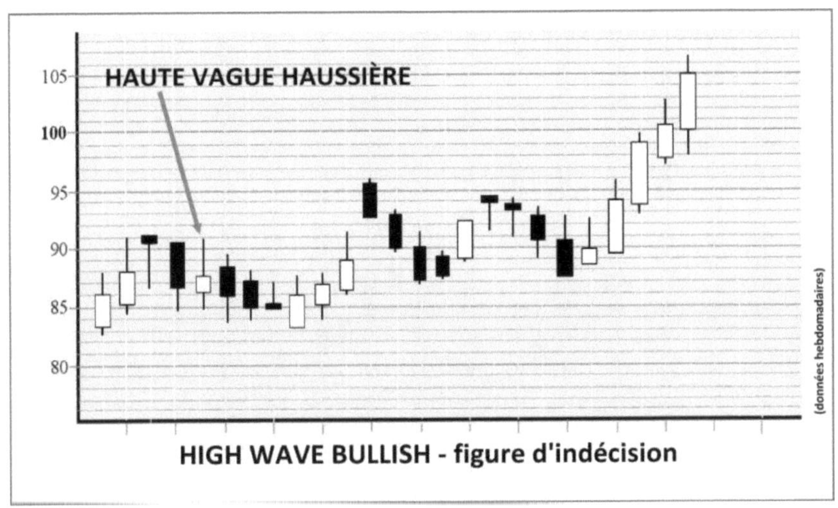

Un petit corps et des ombres longues témoignent d'une séance boursière sans intérêt.

Les séances suivantes peuvent adopter un caractère haussier ou baissier.

Black Spinning Top

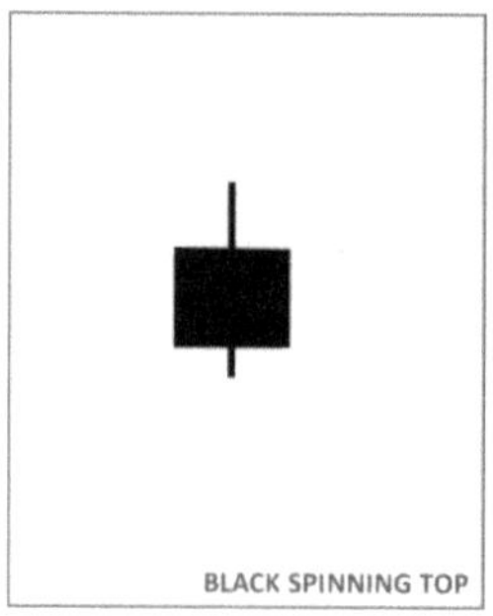

La toupie est un chandelier doté d'un petit corps, la taille des ombres est sans importance. Si les ombres prennent une taille supérieure, la TOUPIE devient une HAUTE VAGUE.

Cette configuration montre une certaine indécision de la part des haussiers et des baissiers.

Logique du marché : sans grande variation du cours, les acheteurs se sont battus contre les vendeurs sans pouvoir modifier le cours.

C'est souvent un signe d'essoufflement du marché. Il existe un certain équilibre entre l'offre et la demande.

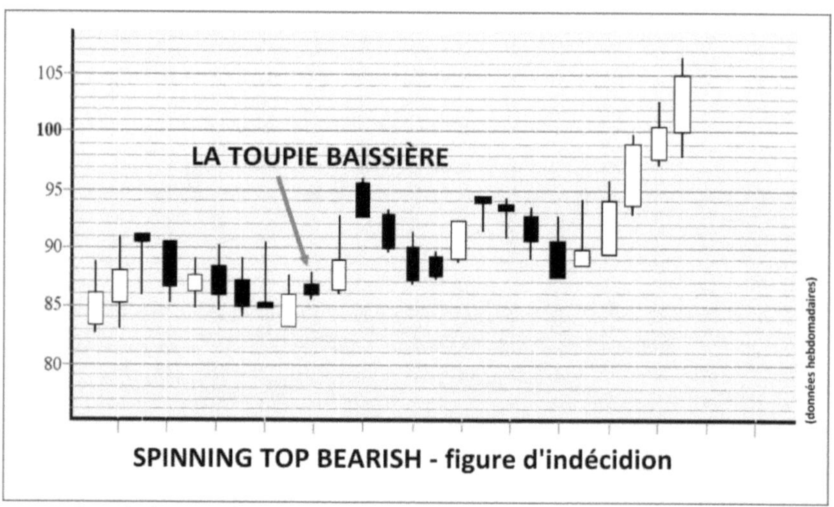

SPINNING TOP BEARISH - figure d'indécidion

C'est un signal de prudence. Aucune décision ne peut être prise sans nouveaux indices dans les séances suivantes.

LA TOUPIE HAUSSIÈRE

White Spinning Top

Ce qui est dit de la TOUPIE BAISSIÈRE est aussi valable pour la TOUPIE HAUSSIÈRE. Dotée d'un petit corps blanc, elle signale une totale indécision du marché.

Logique du marché : sans grande variation du cours, les acheteurs se sont battus contre les vendeurs sans pouvoir modifier le cours. C'est souvent un signe d'essoufflement du marché et qu'il existe un certain équilibre entre l'offre et la demande.

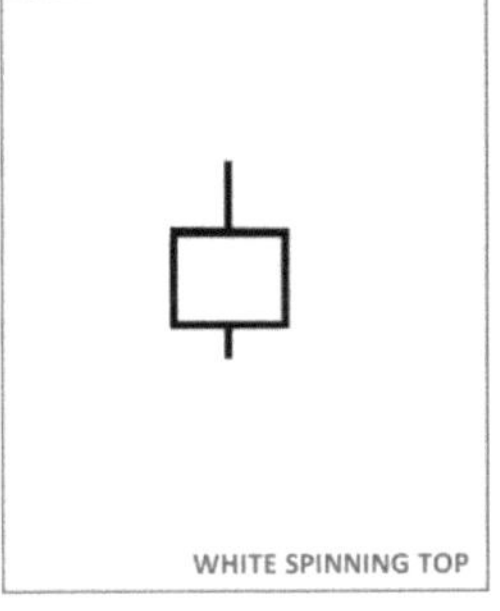

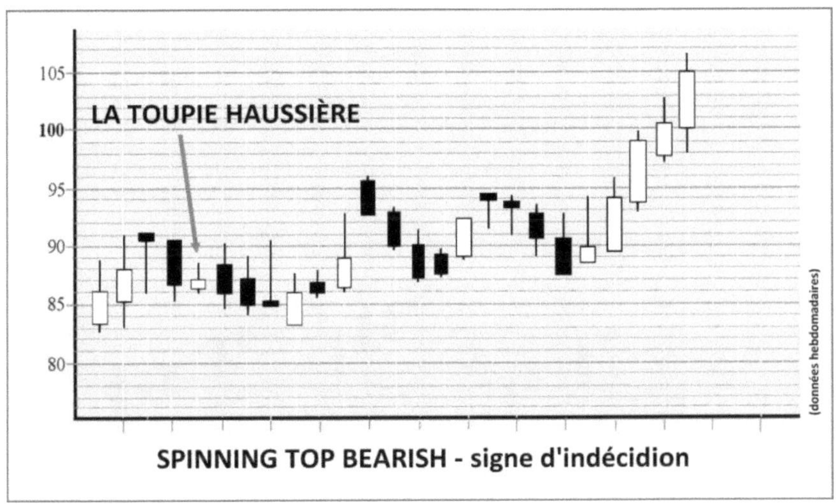

C'est un signal de prudence. Aucune décision ne doit être prise sans nouveaux indices dans les séances suivantes.

White Hammer

Le MARTEAU et LE PENDU sont peut-être les deux chandeliers les plus célèbres. La même figure en fin d'une période baissière s'appelle MARTEAU, en fin d'une période haussière elle s'appelle LE PENDU.

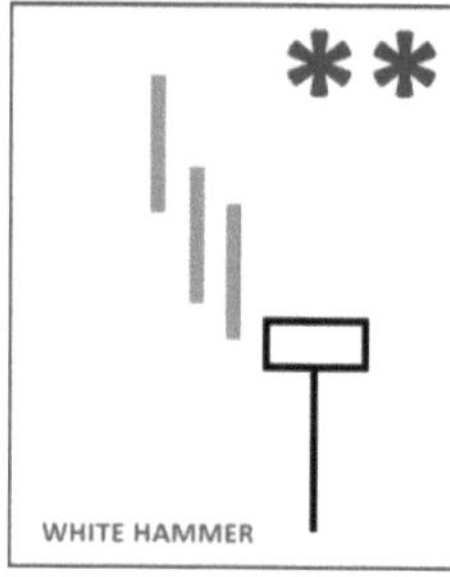

Ces deux figures peuvent être aussi bien blanches que noires.

Le MARTEAU est une bougie dans une tendance à la baisse. Il est caractérisé par un corps relativement petit et possède une longue ombre vers le bas. Cet ombre doit être au moins deux fois plus grand que le corps du marteau.

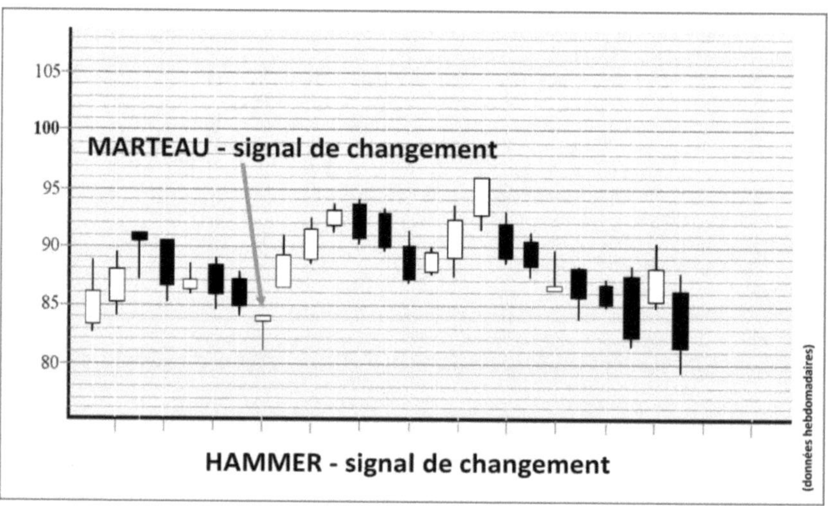

Le MARTEAU peut être un signal fort de changement de tendance. Ce changement de tendance est confirmé si la séance suivante présente un grand chandelier blanc.

LE PENDU NOIR

Black Hanging man

Le PENDU et LE MARTEAU sont peut-être les deux chandeliers les plus célèbres. La même figure en fin d'une période baissière s'appelle MARTEAU, en fin d'une période haussière elle s'appelle LE PENDU.

Ces deux figures peuvent être aussi bien blanches que noires. Le PENDU est une bougie dans une tendance à la hausse. Il est caractérisé par un corps relativement petit et possède une longue ombre basse. Cette ombre doit être au moins deux fois plus grande que le corps du PENDU.

Logique du marché : après une courte hésitation à l'ouverture, le cours a fortement baissé pendant la séance jusqu'en créant une ombre très prononcée. Mais les demandes d'achat ont repoussé le cours vers le haut pour clôturer en dessous mais très proche du cours d'ouverture.

Le PENDU peut être un signal fort de changement de tendance. Celle-ci est confirmée si la séance suivante présente un grand chandelier noir.

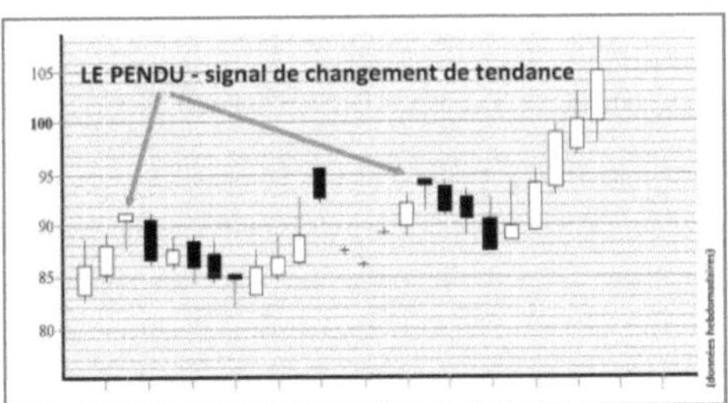

MARTEAU INVERSÉ

Inverted hammer

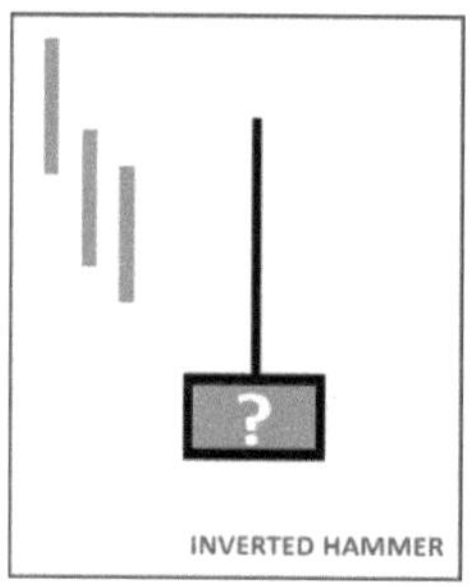

Le MARTEAU INVERSÉ est un chandelier caractérisé par un petit corps avec une longue ombre ou mèche vers le haut.

La couleur, blanche ou noire, du MARTEAU INVERSE ou "Inverted hammer" ne joue aucune importance.

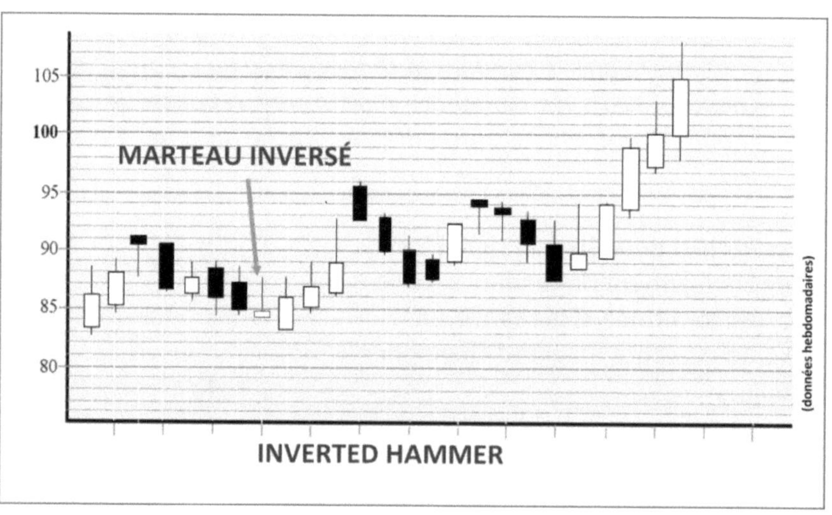

Le MARTEAU INVERSE peut annoncer un changement de tendance vers la hausse, mais la fiabilité de ce signe est très faible.

ETOILE FILANTE

Shooting star

L'ETOILE FILANTE est un chandelier caractérisé par un petit corps avec une mèche ou ombre longue vers le haut.

Pour leur signification il est nécessaire de prendre en compte les tendances des séances précédentes ou suivantes.

La valeur de la signification de l'ETOILE FILANTE peut être différente selon sa position dans la figuration des chandeliers :

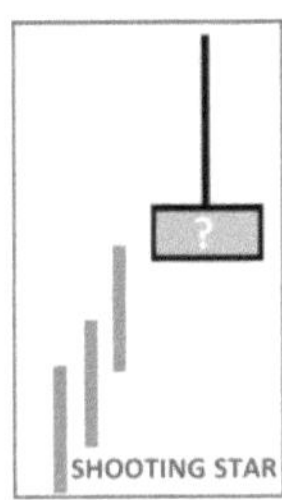

1) après une série de séances haussières, l'ETOILE FILANTE touche avec son ombre haute contre une <u>ligne de résistance</u> : c'est un signal fort de retournement de tendance !

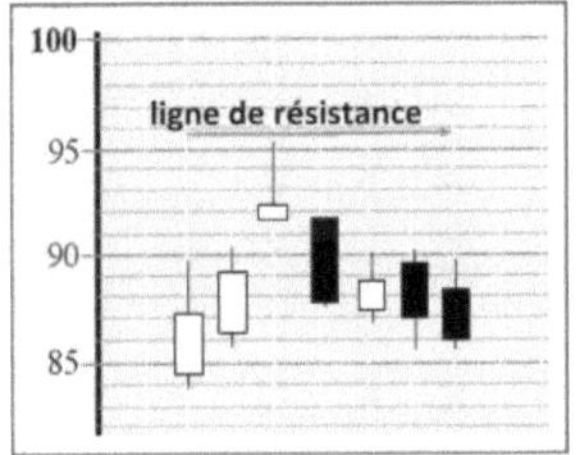

2) Un retournement de tendance est probable, mais en aucun cas sûr. Seules les séances futures peuvent renforcer cette configuration en tant que signal.

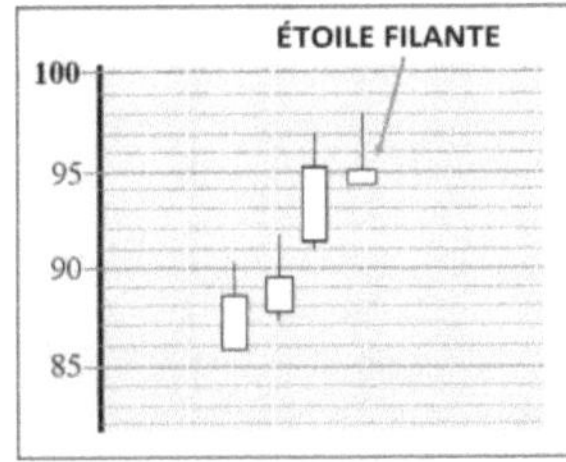

3) Une ÉTOILE FILANTE sans signification !

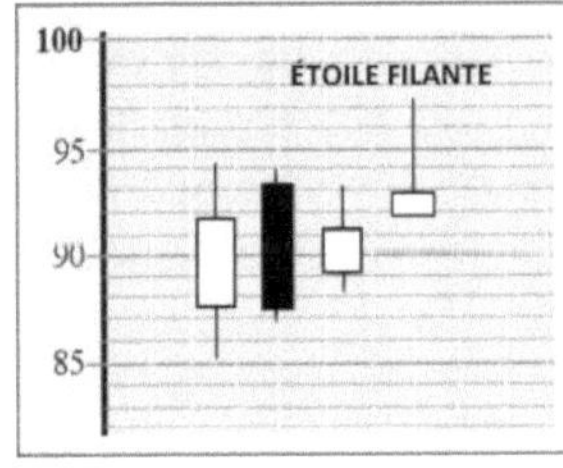

Les DOJI

Les DOJI sont en général des chandeliers d'indécision. Néanmoins, dès qu'un DOJI se présente, le boursier est bien conseillé de surveiller cette action cotée.

Logique du marché : pour une prise de position, les boursiers, aussi bien acheteurs que vendeurs, sont dans l'attente de nouvelles informations, soit par exemple d'une annonce d'un résultat positif ou négatif de l'entreprise, soit sur l'attribution de dividendes, soit sur un évènement exceptionnel inattendu.

Cette position d'attente peut s'exprimer avec un deuxième ou troisième DOJI dans les séances suivantes. Plusieurs DOJI qui se suivent prévoient fréquemment un violent changement de tendance en provoquant des GAP, appelés aussi "FENÊTRES" (voir les explications plus loin).

DOJI avec grandes ombres

Long-Legged Doji

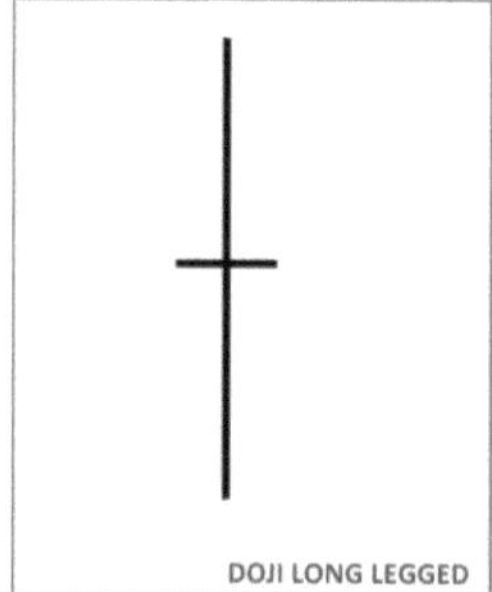

Une forme spéciale des "Spinning Tops" est le DOJI LONG LEGGED.

Le DOJI LONG LEGGED possède un minimum de corps, dont le cours d'ouverture est identique au cours de clôture, et des longues ombres aussi bien vers le haut que vers le bas.

Logique du marché : cette figure exprime en extrême l'indécision des boursiers. Pendant la séance, ils ont testé le cours en poussant au maximum vers la hausse, mais aussi en sens inverse vers la baisse. Sans résultat, ils sont revenus au niveau du cours d'ouverture et ont clôturé avec ce même cours d'ouverture.

Le boursier ne peut envisager aucune prise de décision. Néanmoins, lorsque plusieurs DOJI se suivent, ils peuvent constituer un point tournant très violent de la tendance dominante (*voir chapitre 6*).

DOJI DRAGON

Doji dragonfly

Dès l'ouverture les cours du DOJI DRAGON ont fortement baissé, mais la baisse des cours s'est ensuite an-
nulée et termine la séance avec le même cours qu'à
l'ouverture.

*Logique du marché : le marché ne sait pas ce qu'il veut et seules les
séances suivantes peuvent donner des indications sur le développement des cours.*

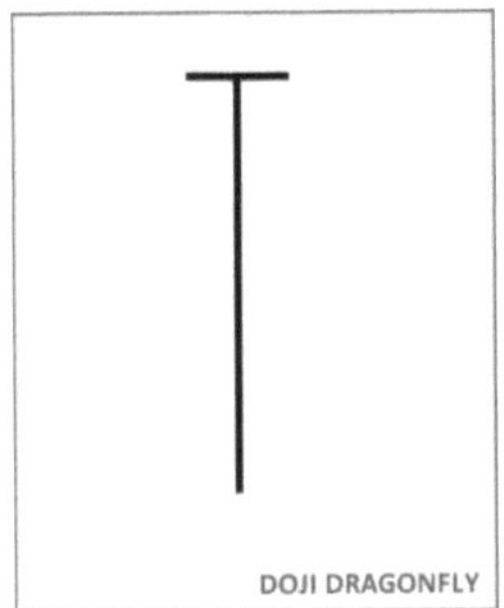

DOJI PIERRE TOMBALE

Doji Gravestone

le DOJI PIERRE TOMBALE est l'inverse du DOJI DRAGON
et démontre de la même manière l'indécision du marché.

Néanmoins, lorsque plusieurs DOJI se suivent, ils peuvent constituer un point tournant de la tendance dominante très violente (*voir chapitre 6*).

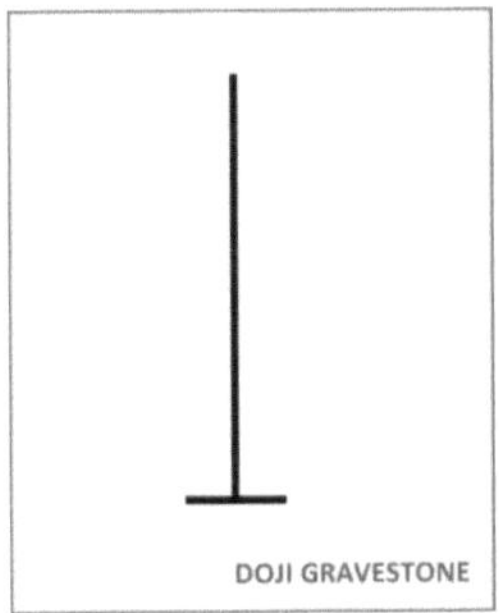

LE GAP ou LA FENÊTRE ou LE FOSSÉ

Le plus souvent appelé le GAP, il n'est pas une figure en soi. Les boursiers nomment un GAP l'espace creux qui peut se former entre deux séances et que représente un saut entre le cours de clôture et le cours d'ouverture de la séance suivante s'il s'agit d'un mouvement haussier, ou un saut entre le cours de clôture et le cours d'ouverture de la séance suivante s'il s'agit d'un mouvement baissier.

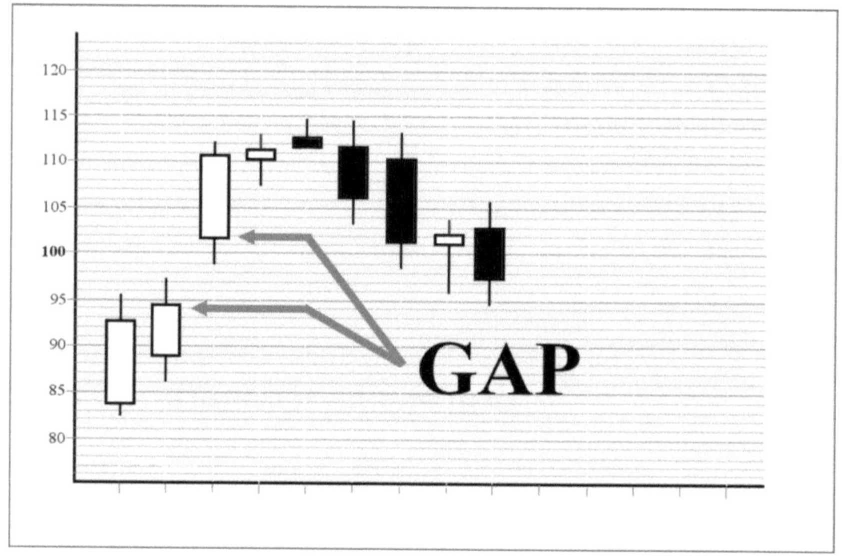

Le tableau au-dessus montre un GAP ou FENÊTRE ou FOSSÉ entre deux séances haussières : cours de clôture 94, cours d'ouverture de la séance suivante 102.

Un GAP seul demande de l'attention mais n'autorise aucune prise de position immédiate.

On différencie quatre GAP, souvent difficiles à reconnaître à leur apparition. Seules les séances suivantes peuvent accorder une confirmation de leur définition :

1. Le GAP COMMUN est sans grande importance pour les cours futurs du titre. Le gap commun se produit lors d'évènements mineurs qui n'affectent pas durablement le titre. Il ne modifie pas la tendance. Ce type de gap est souvent comblé. Cela signifie que les chandeliers suivants déposent dans la fenêtre créée.

2. Le GAP DE CONTINUATION ou RUNAWAY GAP est une confirmation de la tendance actuelle. Il est lié à un fort volume d'échanges et seulement valable si l'écart créé par le gap est important. Ce gap apparaît souvent à la moitié d'une tendance et peut donner une idée sur le cours final de la tendance.

3. Le GAP DE RUPTURE ou BREAKAWAY GAP est un avertisseur d'un changement de tendance. Il est souvent accompagné d'une autre figure significative. Le gap de rupture est rarement comblé. Il devient la nouvelle résistance avec la création d'une tendance baissière ou de support en cas de tendance haussière. Attention : si le gap est rapidement comblé, il faudra conclure à un faux signal.

4. Le GAP TERMINAL ou "exhaustion gap" signale la fin d'une tendance haussière ou baissière. Ce gap est seulement reconnaissable après quelques séances futures. Il comble la fenêtre créée par le gap.

Chapitre 2

TENDANCE : haussière
DERNIER CHANDELIER : noir

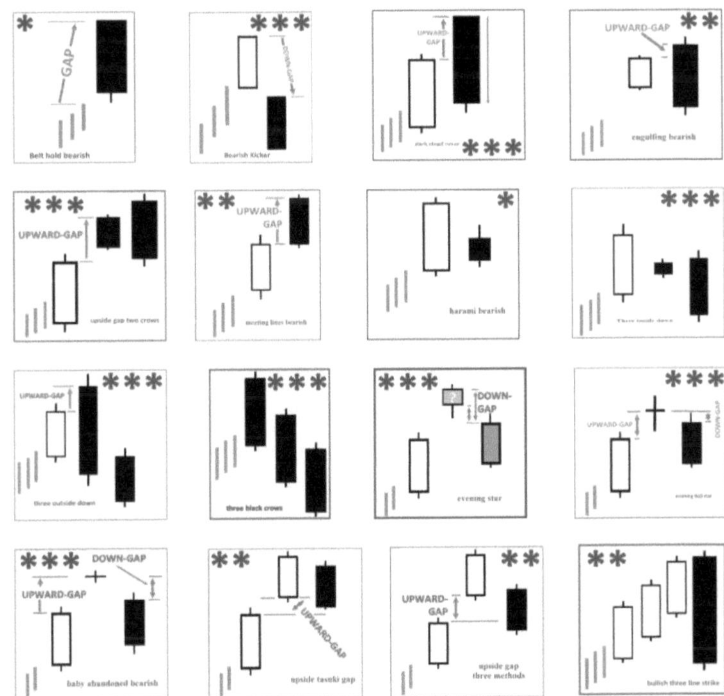

Rappel de la signification des étoiles :

✳✳✳   Trois étoiles = fiabilité forte.

✳✳   Deux étoiles = fiabilité moyenne.

✳   Une étoile = fiabilité faible.

CEINTURE BAISSIÈRE

Belt hold bearish

La CEINTURE BAISSIÈRE peut être un signe de renversement de tendance.

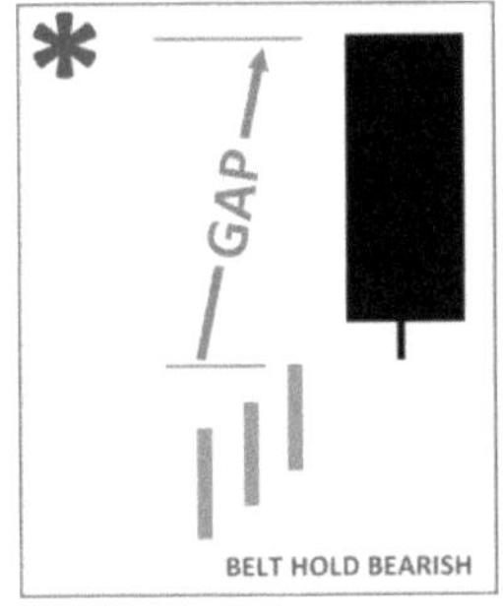

Après plusieurs séances haussières le cours d'ouverture crée un GAP ou une FENÊTRE importante. Au lieu de continuer la montée pendant la séance, le cours descend. Le cours de clôture se stabilise très proche du cours le plus bas de la séance, ce qu'explique l'ombre basse très courte.

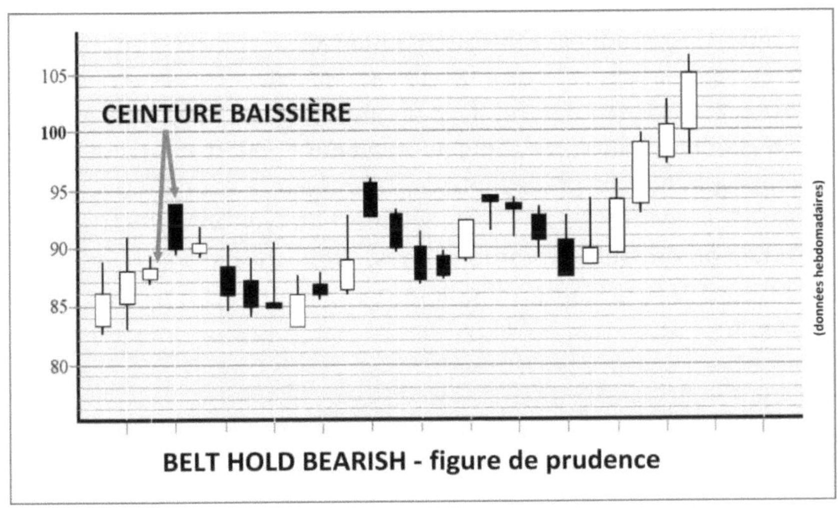

CONSEIL de prudence : la figure de la CEINTURE BAISSIÈRE peut être un signal de changement de tendance, mais ce signal n'est pas considéré comme très fiable. Au moins deux séances suivantes de cotation devraient être observées pour définir avec certitude la tendance future.

KICKER BAISSIÈRE

Bearish kicker or bearish kicking

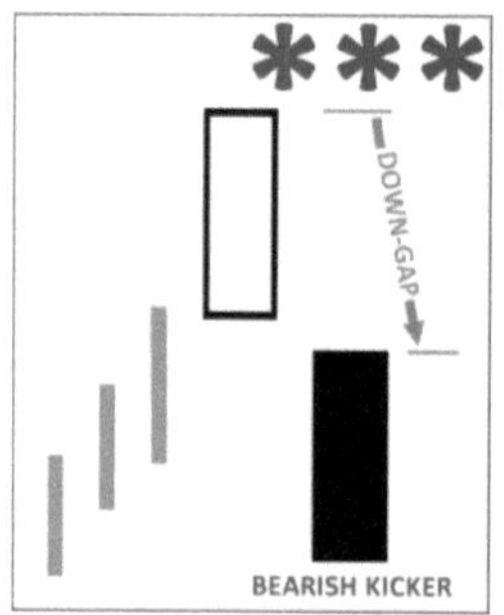

La configuration du KICKER BAISSIER, composée de deux chandeliers, est un signal très fort.

Logique du marché : cette configuration se produit fréquemment après une annonce surprenante de mauvaises nouvelles sur la valeur cotée.

La tendance pendant les séances précédentes, souvent haussières, ne joue que peu de rôle.

Composition :

1) La 1ère séance présente un grand chandelier blanc sans ombre haute ni ombre basse, appelé MARUBOZU BLANC.

2) La 2ème séance débute avec un important DOWN-GAP. Au lieu de recommencer une hausse, le cours descend dès l'ouverture d'une longueur équivalente à la hausse précédente en terminant la cotation avec le cours le plus bas de la séance. Ce 2ème chandelier est du type MARUBOZU NOIR. L'absence totale ou presque des ombres, aussi bien chez le 1er chandelier que chez le 2ème, est très rare et notifie la ferme volonté des boursiers à faire chuter le cours.

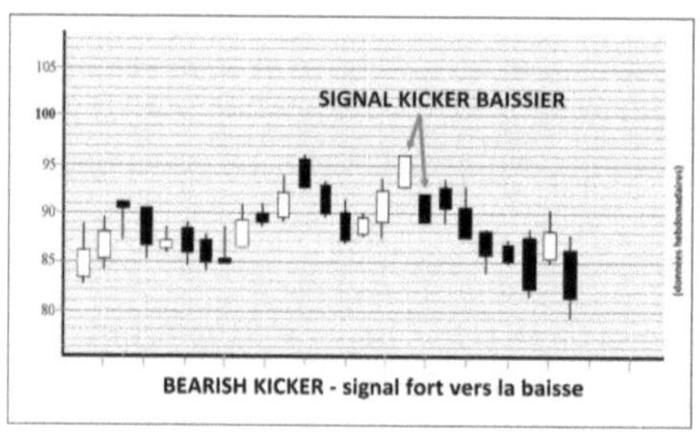

Le BEARISH KICKER est un signal fort et très fiable annonçant une série de cotations baissières !

NUAGE NOIR

Dark cloud cover

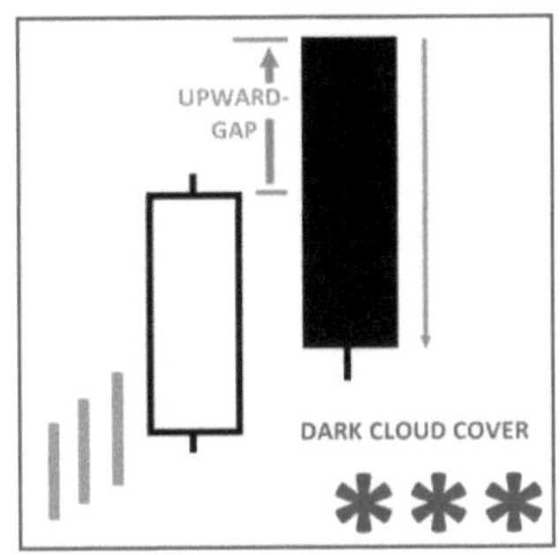

Dans une tendance haussière, un grand chandelier blanc peut être considéré comme une annonce d'un changement de tendance, si la
séance suivante débute avec un cours d'ouverture dans un UPWARD-GAP et cette 2ème séance
se déroule dans une ambiance baissière.

Composition :

1) l'UPWARD-GAP est assez important,

2) le 2ème chandelier noir perd une grande partie du cours gagné pendant la
séance précédente. Le cours de clôture doit se trouver en-dessous de la moitié du 1er chandelier blanc de la séance précédente.

Dans ces conditions, le NUAGE NOIR devient un signal très fort pour un changement de tendance vers une série de séances baissières.

Si le chandelier noir de la 2ème
séance n'arrive pas à dépasser les
50% des gains de la 1er séance, la formation devient un "faux signal" avec
comme résultat la poursuite de la
tendance haussière.

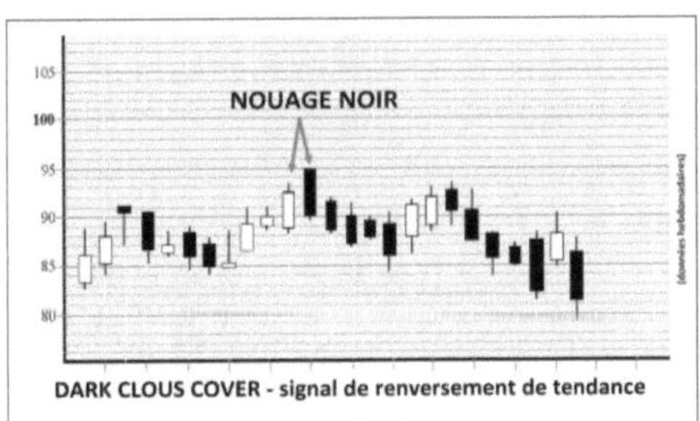

DARK CLOUS COVER - signal de renversement de tendance

Engulfing bearish

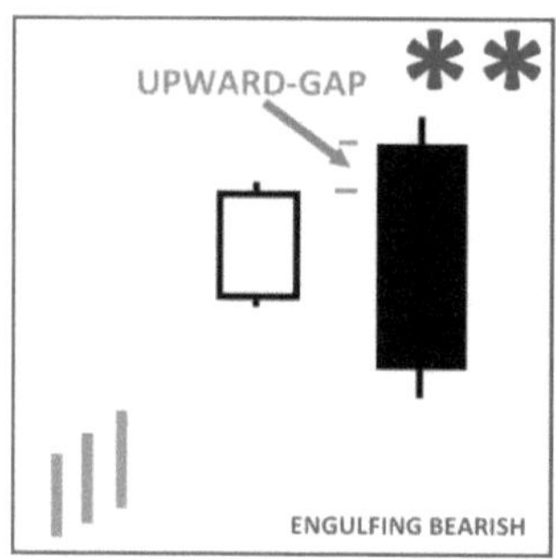

L'ENGLOBANTE BAISSIÈRE ou AVALEMENT BAIS-SIER dans une tendance haussière met en avant la volonté du marché de changer la tendance haussière en baisse.

Composition :
1) Le 1er chandelier blanc est relativement petit.
2) Le 2ème chandelier noir ouvrant avec un UP-WARD-GAP et couvrant la totalité du corps.

Les structures d'ENGLOBANTES sont des figures de retournement très effi-caces et fréquentes.

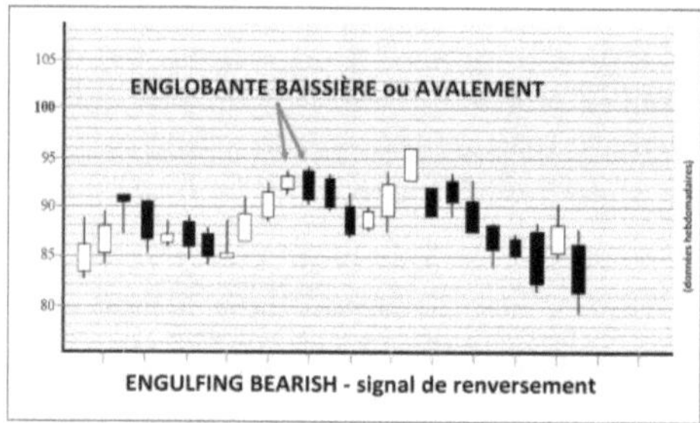

Si le chandelier noir avale l'intégra-lité du chandelier blanc qui le pré-cède (corps et ombres), il s'agit alors d'un signal très fort vers une ten-dance baissière.

Plus les chandeliers de la structure d'ENGLOBANTE sont grands, plus le si-gnal est significatif.

Si l'ENGLOBANTE BAISSIÈRE apparaît en tendance baissière, il faudra être très prudent et vérifier qu'il casse réellement une ligne de SUPPORT.

GAP ASCENDANT ET DEUX CORBEAUX

Upside gap two crows

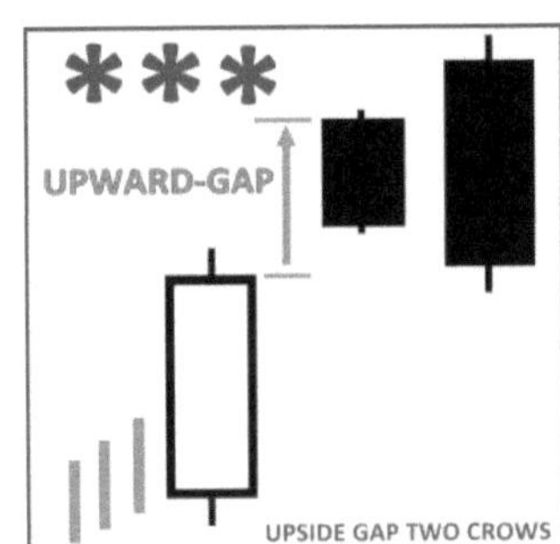

Le GAP ASCENDANT ET DEUX CORBEAUX signale un changement de tendance.

Composition :
1) Un grand chandelier blanc marque la poursuite de la tendance haussière.

2) Avec un UPWARD-GAP assez important se place un petit chandelier noir.

3) La troisième séance est caractérisée par un autre chandelier noir ayant une ouverture au-dessus de la première séance, (chandelier blanc), et un cours de clôture en-dessous du corps du petit chandelier noir précédent. Le corps de la troisième séance engloutit le corps du chandelier noir précédent.

4) Le cours de clôture du 3ème chandelier (deuxième chandelier noir), est toujours au-dessus de la clôture du 1er chandelier (chandelier blanc).

Cette configuration est un signal fort de changement vers une tendance baissière.

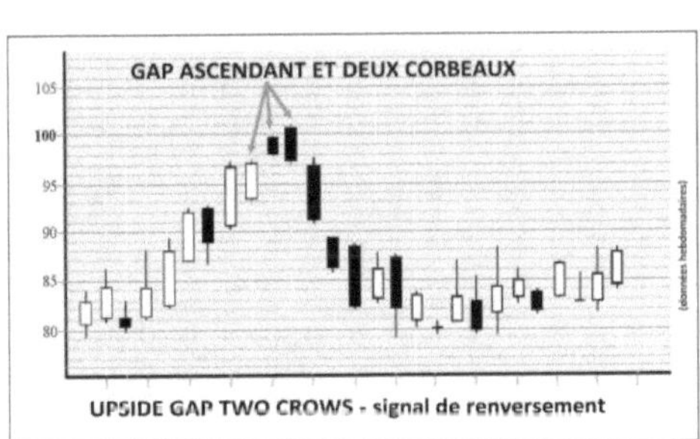

Meeting line bearish

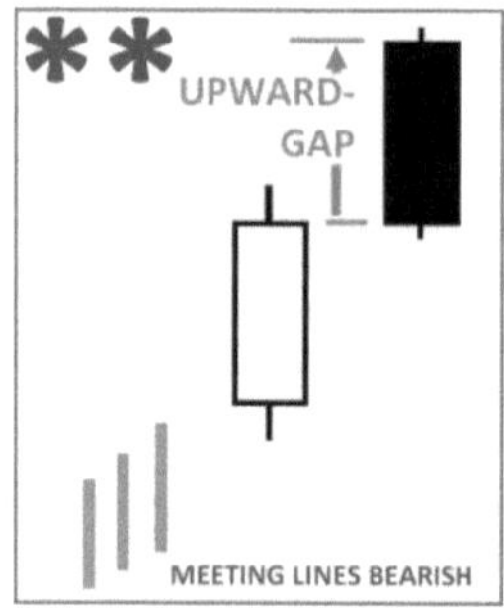

Couramment appelée BEARISH MEETING LINE, cette figure se crée dans une tendance haussière.

Composition :

1) La 1ère séance se termine avec un grand chandelier blanc.

2) La 2ème séance commence avec un important UPWARD-GAP. Celui-ci doit avoir une taille d'au moins 60% plus grande que le volume du chandelier blanc de la 1ère séance.

3) Le cours de clôture du chandelier noir est égal ou presque égal au cours de clôture du chandelier blanc.

Il est indispensable de comparer la taille de l'UPWARD-GAP avec la taille du corps blanc de la 1ère séance.

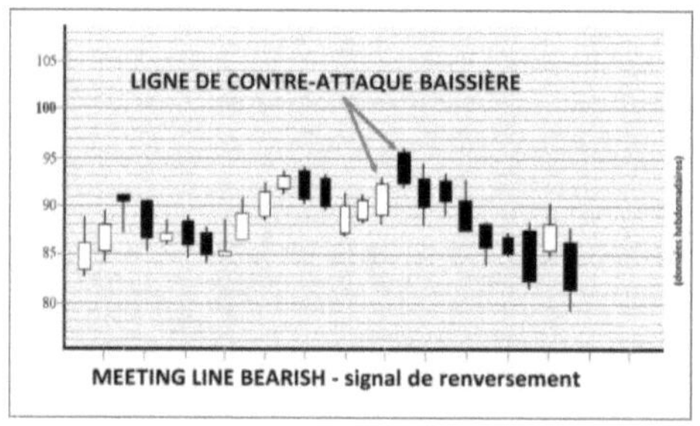

Cette configuration est un signal de renversement de tendance vers un cycle baissier.

Avant une prise de décision, le boursier doit attendre la confirmation du renversement de tendance avec un grand chandelier noir dans la séance suivante.

HARAMI NÉGATIF

Harami bearish

Le HARAMI NÉGATIF se crée après une série de séances haussières.

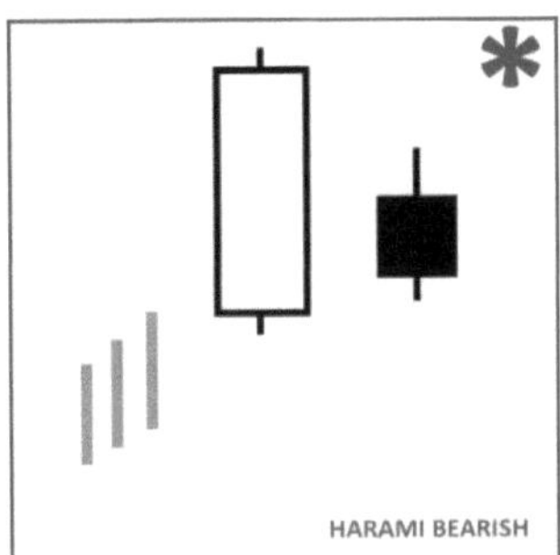

Logique du marché : après une tendance haussière plus ou moins longue, les vendeurs commencent à perdre foi en la hausse et si la configuration du HARAMI NÉGATIF est suivi d'une journée de baisse, la plupart des acheteurs devraient vendre leurs positions.

Le signal de retournement est d'autant plus fort que :

1. le corps du chandelier n°2 se trouve dans la zone basse du corps du chandelier n°1 ;
2. le chandelier n°1 englobe la totalité du chandelier n°2, ombres comprises ;
3. le corps et les ombres du chandelier n°2 sont petits.

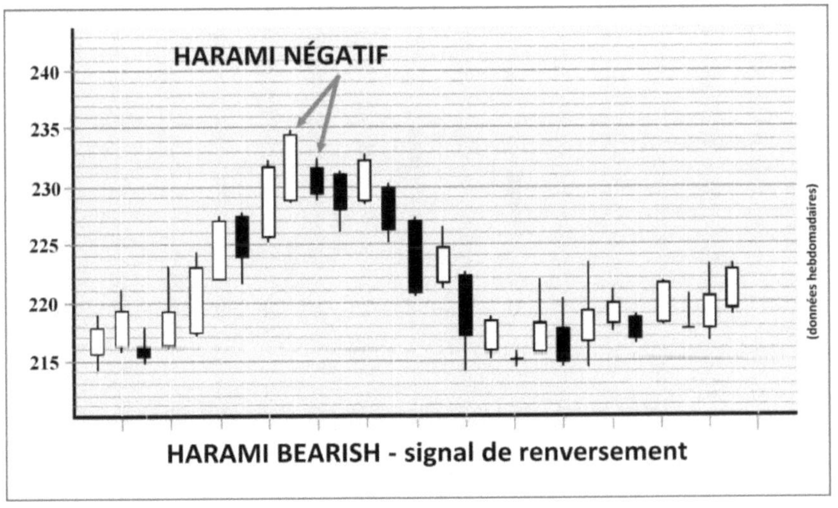

Three inside down

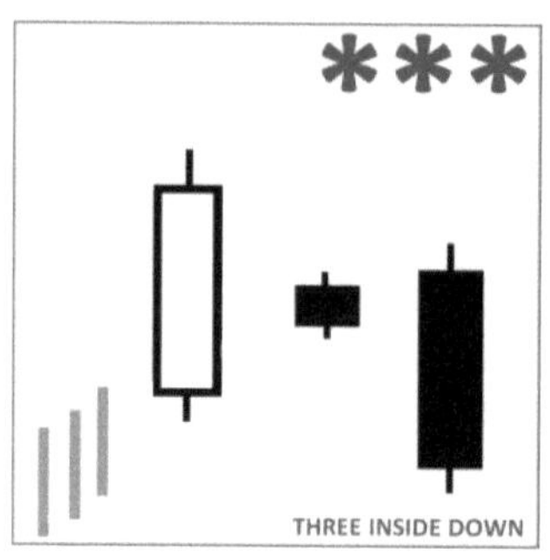

Le THREE INSIDE DOWN termine une tendance haussière.

Composition :
La 1ère séance de la configuration est un imposant chandelier blanc.

2) La 2ème séance se solde avec un petit chandelier noir qui s'installe complètement dans le corps du chandelier blanc précédent. Il s'est formé alors un HARAMI NÉGATIF ou HARAMI DESCENDANT.

3) Pour confirmation, la 3ème séance présente un grand chandelier noir qui termine avec un cours de clôture en-dessous du cours de clôture de la 2ème séance.

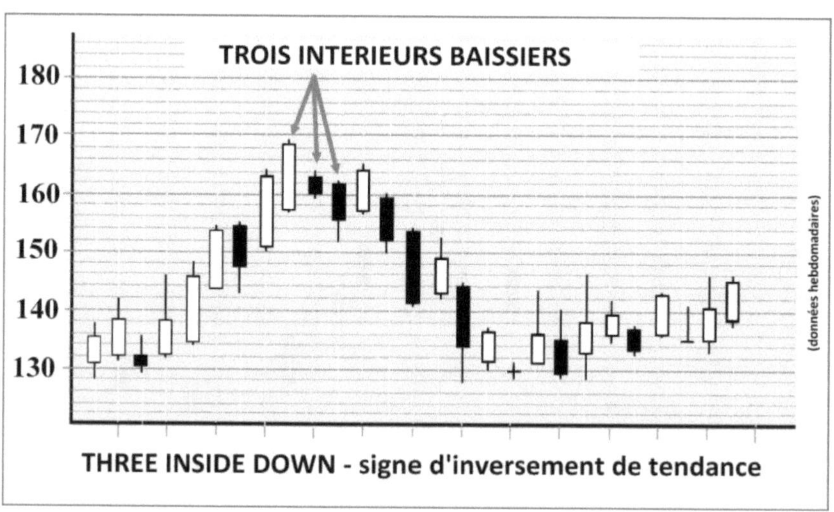

La configuration de ces trois chandeliers est un signal très fort d'arrêt de la tendance haussière.

TROIS EXTÉRIEURS DESCENDANTS

Three outside down

Le THREE OUTSIDE DOWN apparaît dans une tendance haussière.

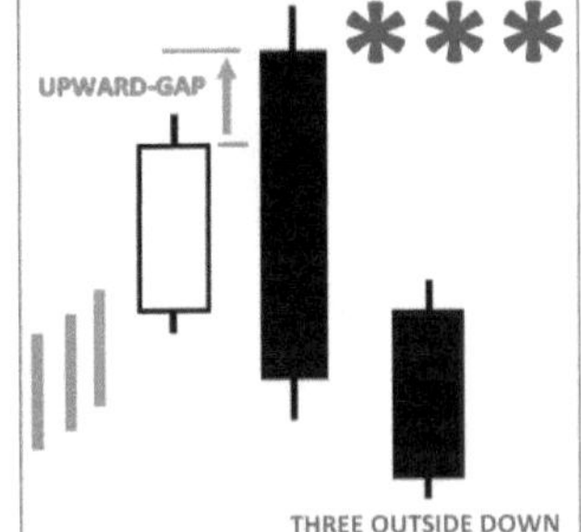

Composition :
1) La 1ère séance de la configuration produit un grand chandelier blanc.

2) La 2ème séance débute avec un UPWARD-GAP important et génère un grand chandelier noir qui couvre complètement le corps du chandelier blanc précédent en créant une configuration d'ENGLOBANTE BAISSIÈRE. (Pour cette raison, la configuration des TROIS EXTÉRIEURS DESCENDANTS s'appelle également l'ENGLOBANTE BAISSIÈRE CONFIRMÉE, ou CONFIRMED BEARISH ENGULFING PATTERN).

3) La 3ème séance présente un deuxième chandelier noir ayant un cours d'ouverture à la hauteur du cours d'ouverture de la 1ère séance (chandelier blanc).

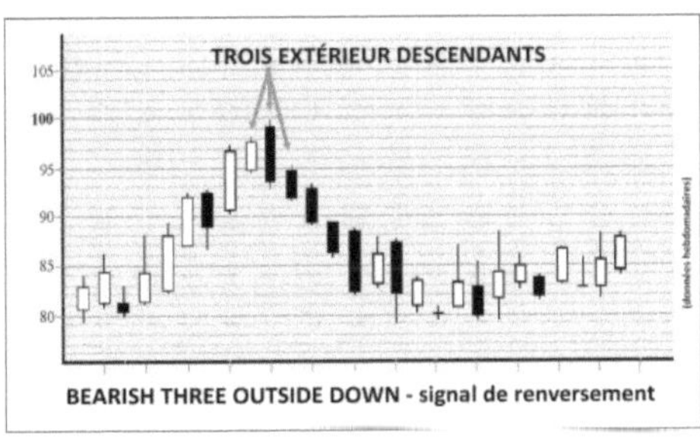

La configuration de ces trois chandeliers est un signal très fort d'arrêt de la tendance haussière.

TROIS CORBEAUX NOIRS

Three black crows

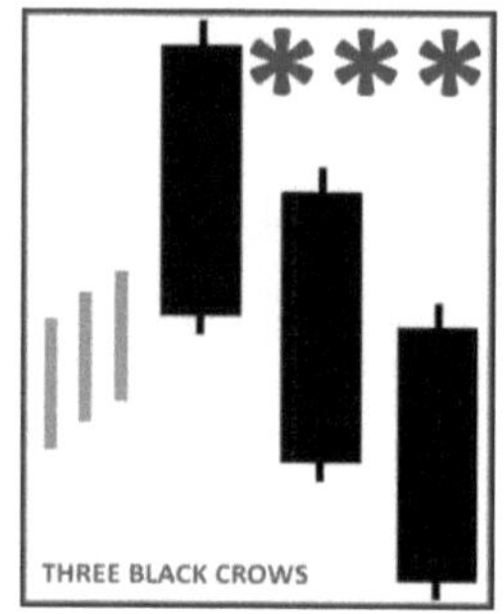

La configuration des TROIS CORBEAUX NOIRS est un signal très fort du changement de tendance.

Logique du marché : les boursiers constatent que les cours du passé se trouvent depuis trop longtemps à un niveau trop élevé. Il résulte une prise générale de bénéfices.

Composition :
1. Le marché est caractérisé par la tendance haussière.
2. Trois chandeliers consécutifs longs noirs apparaissent.
3. Chaque nouvelle séance s'ouvre dans le corps de la précédente séance.
4. Chaque séance se termine à un nouveau plus bas.

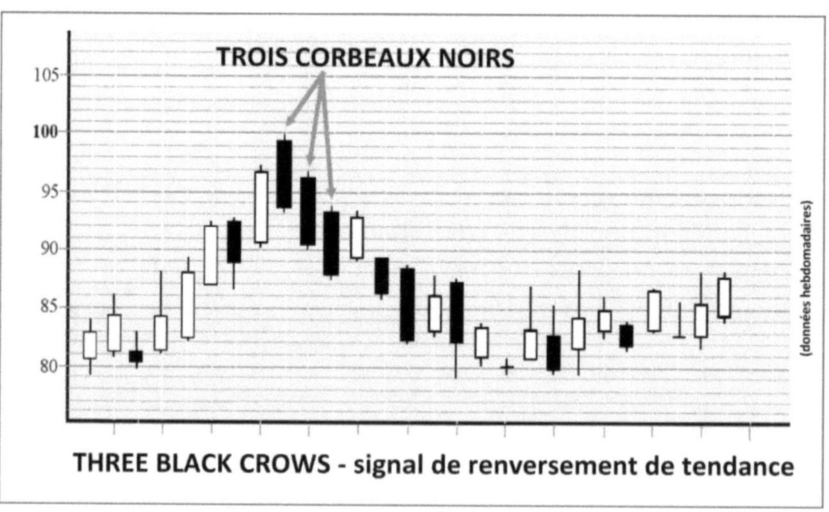

La configuration de ces trois chandeliers est un signal très fort d'arrêt de la tendance haussière.

ÉTOILE DU SOIR

Evening star

La constellation de l'ETOILE DU SOIR arrête souvent une série haussière.

Logique du marché : après avoir été dominés par la volonté des acheteurs, les vendeurs sont en surnombre et la tendance des cours est à la baisse.

Composition :

1) Première séance : une longue bougie blanche prouve encore la force des acheteurs en tirant le cours vers le haut, cours d'ouverture amplement plus bas que le cours de clôture.

2) La séance suivante la longue bougie blanche de la 1ère séance doit s'ouvrir avec un UPWARD-GAP significatif (gap ascendant). Le corps de ce deuxième chandelier est petit avec très peu d'ombres. La couleur de ce chandelier n'a pas d'importance. Les propositions de vente deviennent majoritaires.

3) La 3ème séance commence avec un DOWN-GAP (gap descendant). Pendant la séance le cours descend très fortement pour rentrer au maximum dans le corps de la première bougie (chandelier blanc). L'excédent des propositions de ventes entraîne la baisse des cours.

Trois caractères définissent la force du signal de retournement :

1. 2ème séance : plus petits sont le corps et les ombres, plus fort est le signal ;
2. 3ème séance : plus la taille du DOWN-GAP est importante, plus fort est le signal ;
3. 3ème séance : plus le corps du chandelier de cette séance recouvre le chandelier de la première séance (chandelier blanc), plus fort est le signal.

Attention : le signal perd de sa force si ce troisième chandelier ne débute pas avec un DOWN-GAP.

Le graphique montre L'ETOILE DU SOIR décrite sur la page précédente.

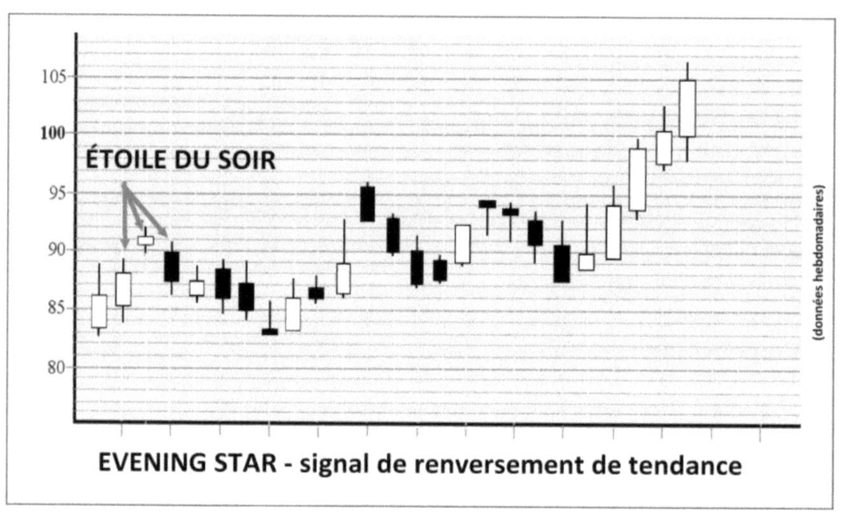

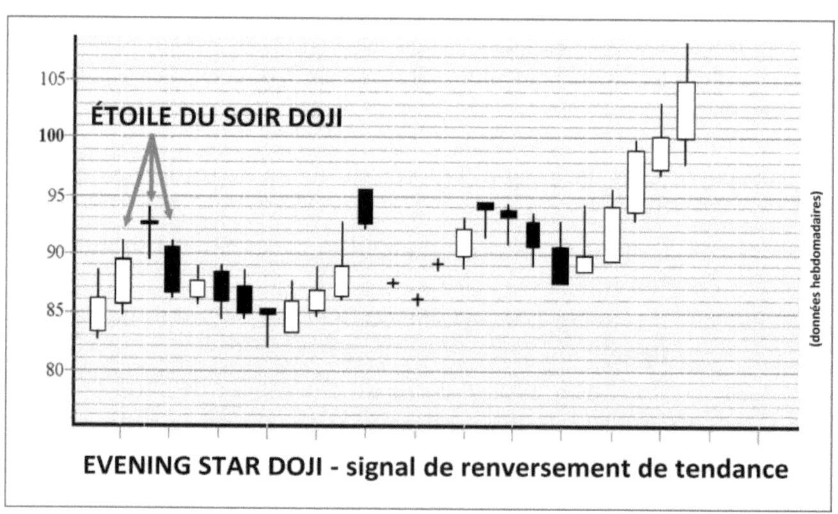

Le graphique montre L'ETOILE DU SOIR DOJI décrite sur la page suivante.

ÉTOILE DU SOIR DOJI

Evening star DOJI

La constellation de l'ETOILE DU SOIR DOJI, encore plus significative que l'étoile du soir ordinaire, signale l'arrêt d'une série de séances haussières.

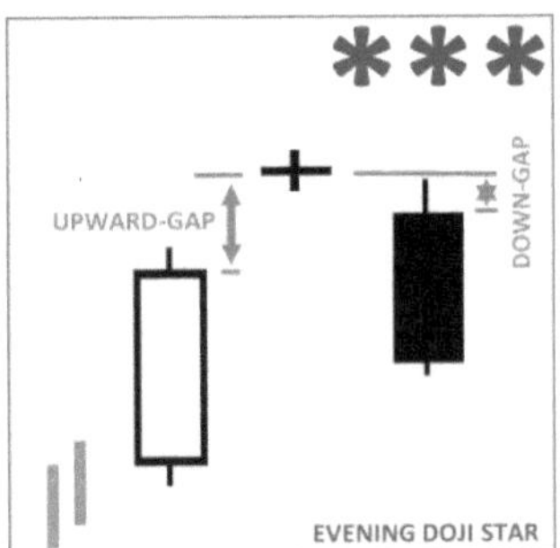

Logique du marché : Après avoir été dominés par la demande des acheteurs, les vendeurs sont en surnombre et la tendance des cours est à la baisse.

1) 1ère séance : une longue bougie blanche prouve encore la force des acheteurs en tirant le cours vers le haut, cours d'ouverture amplement plus bas que le cours de clôture.

2) La séance suivante cette longue bougie blanche (2ème séance) doit s'ouvrir avec un UPWARD-GAP significatif (gap ascendant). Le corps de ce deuxième chandelier est un DOJI avec très peu d'ombres. Le marché s'équilibre entre demandes d'achat et demandes de vente.

3) La 3ème séance commence avec un DOWN-GAP (gap descendant). Pendant la séance le cours descend très fortement pour couvrir au maximum le corps de la première bougie (chandelier blanc). Les propositions de vente sont majoritaires et poussent le cours vers le bas.

Deux caractères définissent la force du signal de retournement :

1. 3ème séance = plus la taille du DOWN-GAP est importante, plus fort est le signal ;
2. 3ème séance = plus le corps du chandelier noir prend la taille du chandelier de la première séance, plus fort est le signal.

Le signal perd de sa force si ce troisième chandelier ne débute pas avec un DOWN-GAP.

BÉBÉ ABANDONNÉ DU SOIR

Abandoned baby bearish

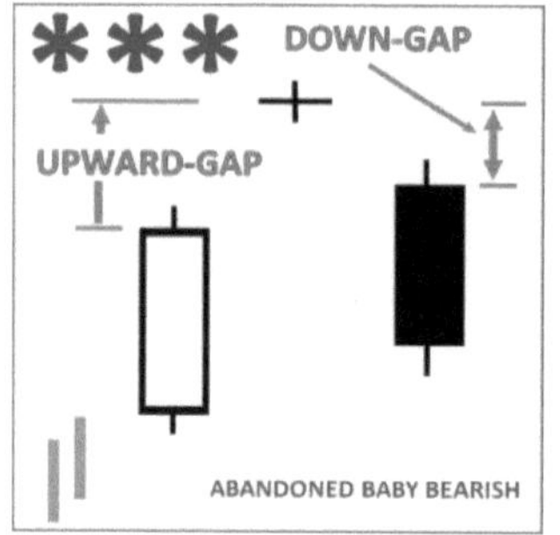

La constellation DU BÉBÉ DU SOIR signale l'arrêt d'une série de séances haussières.

Dans cette formation les ombres des trois chandeliers jouent un rôle très important.

Composition :

1) 1ère séance : une longue bougie blanche, les demandes d'achat sont encore plus nombreuses que celles de vente.

2) La séance suivante (2ème séance) doit s'ouvrir avec un UPWARD-GAP significatif (gap ascendant). Le corps de ce deuxième chandelier est un DOJI avec très peu d'ombres. Entre l'ombre en haut de la 1ère séance et l'ombre en haut de la 3ème séance et l'ombre en bas de la 2ème séance (le DOJI), il y a toujours des GAP importants. Le DOJI ne possède donc aucun lien avec les deux chandeliers. D'où le nom de BÉBÉ ABANDONNÉ !

3) La 3ème séance commence avec un DOWN-GAP (gap descendant). Pendant la séance le cours descend très fortement pour rentrer au maximum dans le corps de la bougie de la première séance. Les demandes de vente sont majoritaires et poussent le cours vers le bas.

TASUKI GAP HAUSSIER

Upside tasuki gap

Malgré la présence d'un chandelier noir, le TA-SUKI GAP HAUSSIER signale une poursuite de la tendance haussière.

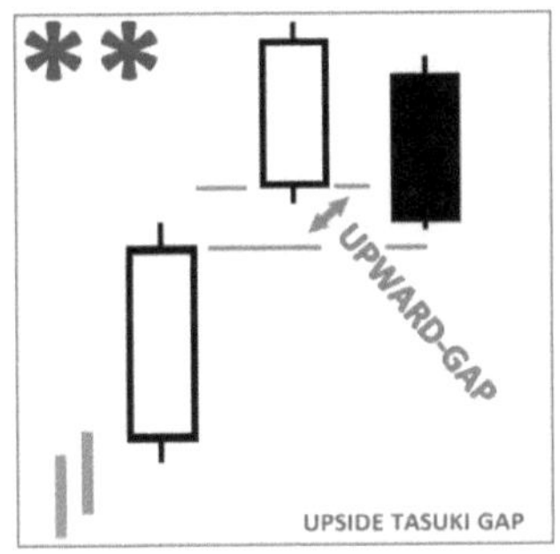

Composition :

1) Le TASUKI GAP HAUSSIER débute dans la 1ère séance avec une importante hausse du cours présentée par un long chandelier blanc.

2) La 2ème séance ouvre avec un UPWARD-GAP et poursuit la hausse.

3) La 3ème séance débute comme un pseudo-renversement de tendance et crée un chandelier noir. Le cours d'ouverture se situe à l'intérieur du chandelier blanc précédent. Néanmoins ni le corps, ni les ombres du chandelier noir ne doivent fermer le GAP créé par les deux chandeliers blancs.

Cette configuration demande obligatoirement une confirmation dans les séances suivantes.

La séance suivante devrait s'ouvrir au-dessus du cours de clôture du chandelier noir de la configuration de l'UPSIDE TASUKI GAP BULLISH

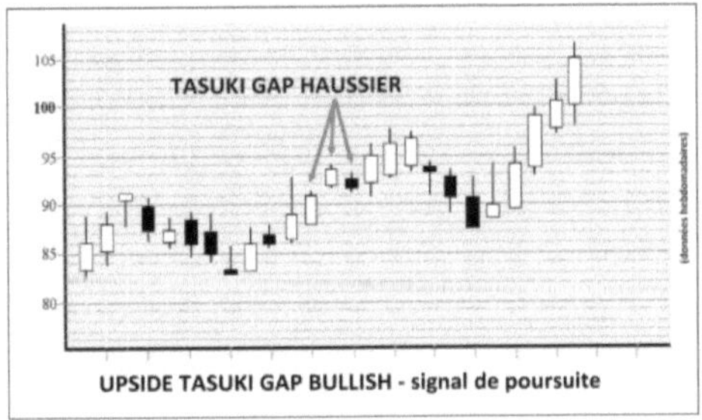

sans fermer le GAP entre le chandelier noir et le chandelier blanc.

GAP THREE METHODS HAUSSIER

Upside gap three methods

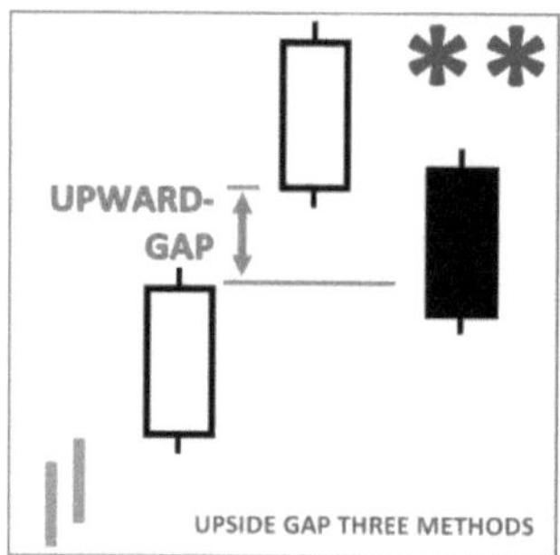

Les UPSIDE GAP THREE METHODS signalent une poursuite de la tendance haussière, malgré la présence d'un chandelier noir.

Composition :
1) Les UPSIDE GAP THREE METHODS débutent dans la 1ère séance avec une importante hausse du cours matérialisé par un long chandelier blanc.

2) La 2ème séance poursuit la hausse avec un UPWARD-GAP et un grand chandelier blanc.

3) La 3ème séance exprime une consolidation du marché. Le chandelier noir débute à l'intérieur du corps du chandelier blanc précédent avec un pseudo-renversement de tendance. Le corps du chandelier noir ferme le GAP créé entre les deux chandeliers blancs. Il ne devrait néanmoins pas trop rentrer dans le corps du chandelier de la 1ère séance.

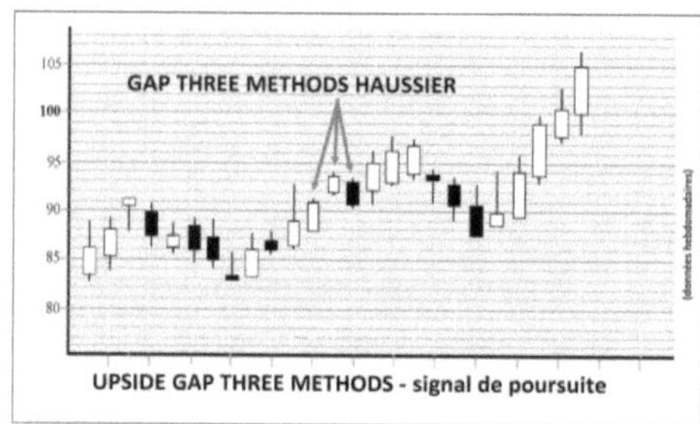

Cette configuration demande obligatoirement une confirmation dans les séances suivantes car nombreux sont les boursiers qui attribuent à cette configuration une signification de changement de tendance au lieu de la poursuite haussière !

TROIS LIGNES BRISÉES HAUSSIÈRES

Bullish three line strike

Les TROIS LIGNES BRISÉES HAUSSIÈRES sont composées de trois chandeliers blancs suivis par un chandelier noir. C'est une configuration de poursuite d'une série à tendance haussière.

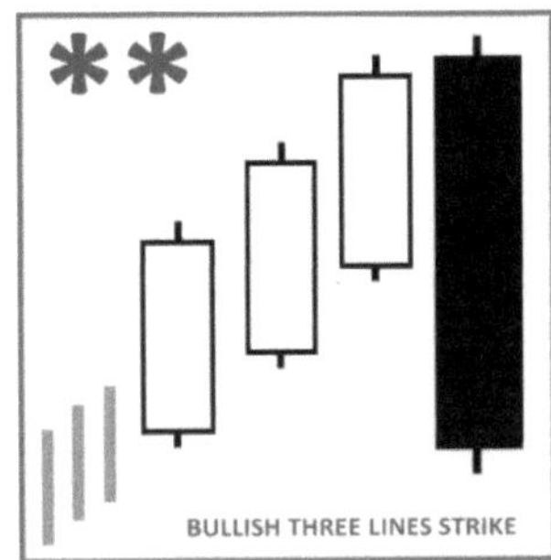

Configuration :
1) les trois chandeliers blancs sont d'une taille importante,

2) après un UPWARD-GAP du dernier chandelier blanc il s'installe un grand chandelier noir qui couvre la totalité des trois chandeliers blancs précédents.

Logique du marché : malgré une forte tentative de la part des vendeurs, la tendance haussière ne peut être interrompue et la montée des cours continue.

La configuration des TROIS LIGNES BRISÉES HAUSSIÈRES est un signal moyen de la poursuite de la tendance haussière. La confirmation doit venir des séances suivantes.

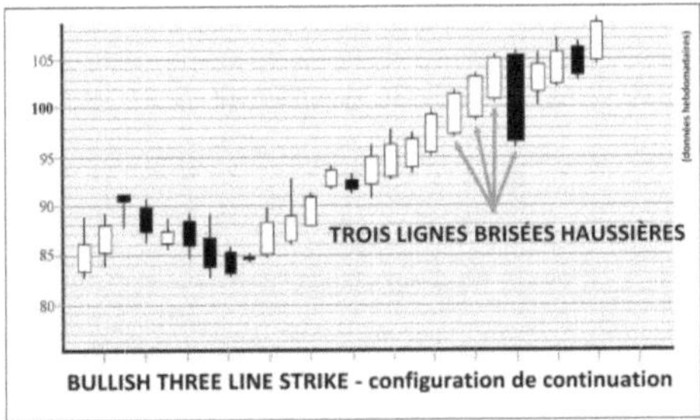

Chapitre 3

TENDANCE : haussière
DERNIER CHANDELIER : blanc

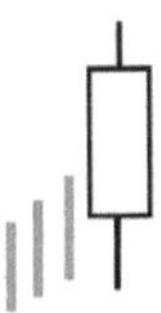

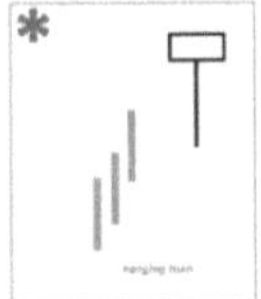 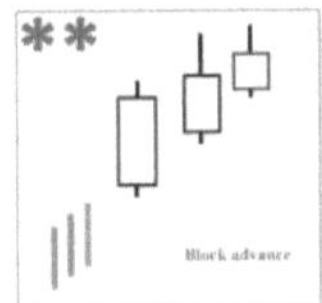 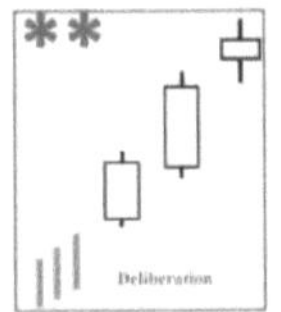 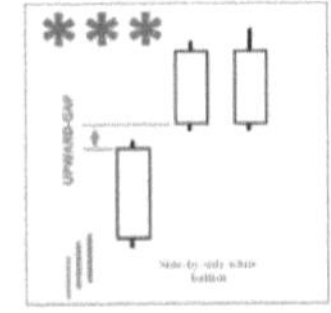

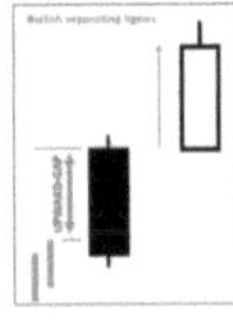 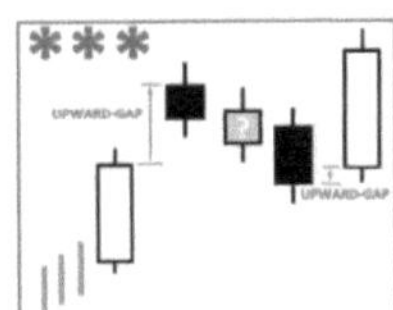

Rappel de la signification des étoiles :

✳✳✳   Trois étoiles = fiabilité forte.

✳✳   Deux étoiles = fiabilité moyenne.

✳   Une étoile = fiabilité faible.

LE PENDU BLANC

Hanging man

Le PENDU peut être aussi bien blanc que noir.

Le PENDU est une bougie dans une tendance à la hausse. Il est caractérisé par un corps relativement petit et possède une longue ombre vers le bas. Cet ombre doit être au moins deux fois plus grand que le corps du PENDU.

Logique du marché : dans une tendance haussière, le cours ouvrant à la hausse s'est inversé avec une tendance générale vers la baisse jusqu'en créant une ombre très prononcée vers le bas. Mais les demandes d'achats importantes ont retourné le cours vers le haut pour clôturer la séance très proche du cours d'ouverture.

Le PENDU peut être un signal fort de changement de tendance.

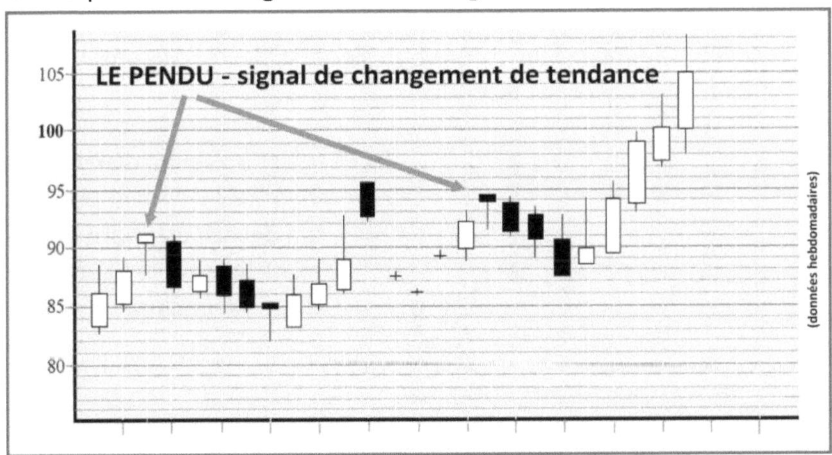

Ce changement de tendance est confirmé si la séance suivante présente un grand chandelier noir.

L'AVANCÉE BLOQUÉE

Advance block

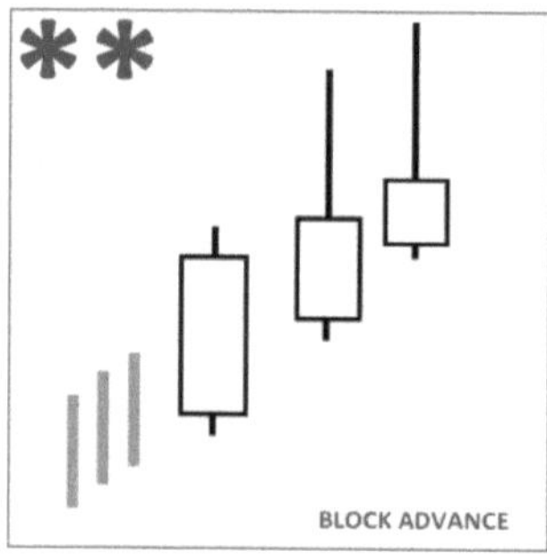

La configuration de L'AVANCÉE BLOQUÉE est une curiosité. Elle est composée de trois chandeliers blancs mais elle signale un arrêt de la tendance haussière.

L'AVANCÉE BLOQUÉE ressemble beaucoup aux TROIS SOLDATS BLANCS sauf que le positionnement et les formes de ces trois chandeliers blancs sont différents.

Configuration :

1) Le cours d'ouverture de chaque bougie se trouve toujours à l'intérieur du corps précédent.

2) La taille de chaque chandelier diminue continuellement. La bougie suivante est toujours un peu plus petite que la précédente.

3) Les ombres supérieures de la 2ème et 3ème bougie sont relativement longues et ceci est à interpréter comme un signal d'alerte ! Un basculement vers une tendance baissière est attendu.

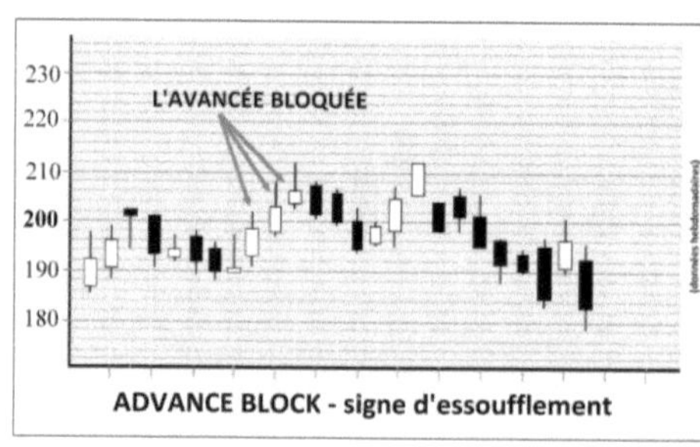

C'est un signal d'arrêt de la tendance haussière ! Mais pour confirmation on devrait attendre une bougie noire dans les séances suivantes avant une prise de position.

ÉTOILE DE DÉLIBÉRATION

Deliberation

L'ÉTOILE DE DÉLIBÉRATION est composée de trois chandeliers blancs et est une configuration d'indécision ou de consolidation finalisant une série à tendance haussière.

Cette composition de chandeliers ressemble beaucoup aux ADVANCE BLOCK BEARISH sauf que le positionnement, la forme et la position du 3ème chandelier blanc sont différents.

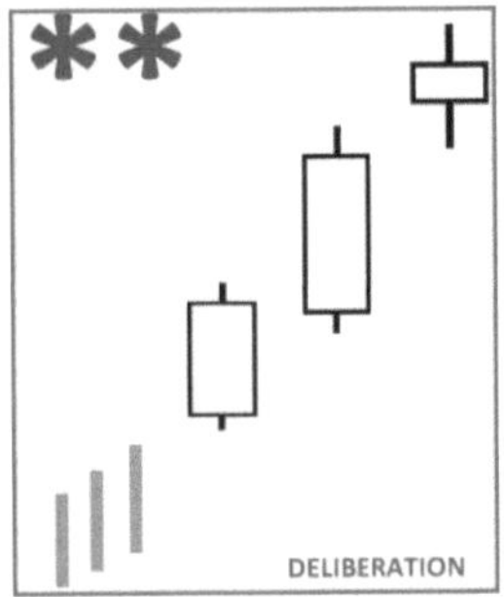

Configuration :

1) Le premier chandelier blanc est de taille plutôt réduite.

2) Le 2ème chandelier blanc est plus grand, quelquefois même imposant.

3) Le 3ème chandelier blanc est petit et positionné en étoile ou légèrement impliqué dans le corps du chandelier précédent.

Les ombres supérieures et inférieures ne donnent aucune signification supplémentaire.

Si le dernier chandelier est un DOJI, la configuration devient une expression de consolidation très forte.

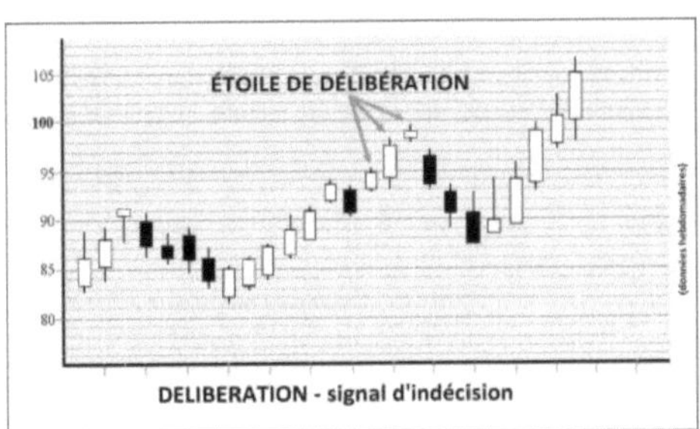

LIGNE BLANCHE MONTANTE COTE A COTE

Side-by-side White lines bullish

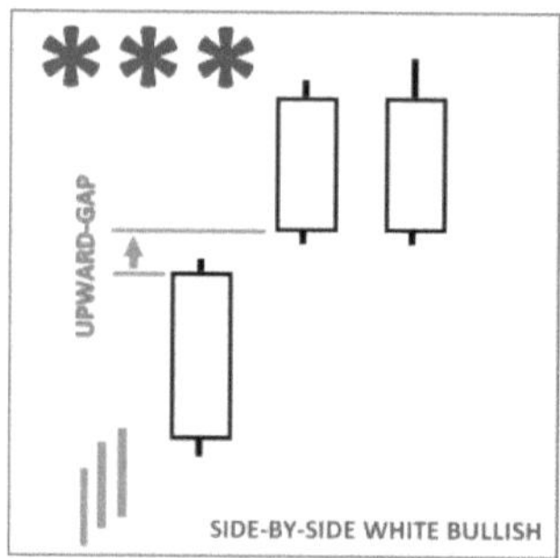

Dans une tendance haussière, un grand chandelier blanc est suivi avec un UPWARD-GAP par un autre chandelier blanc.

Ce 2ème chandelier blanc est doublé par un chandelier de la même taille pendant la 3ème séance. Ces deux chandeliers, 2ème et 3ème séance, ont le même cours d'ouverture.

Le 3ème chandelier blanc possède une ombre supérieure plus haute en dépassant la hauteur de l'ombre supérieure du 2ème chandelier.

Logique du marché : le premier chandelier blanc confirme la poursuite du marché haussier. La deuxième séance, l'ouverture du marché se fait avec un saut vers le haut, UPWARD-GAP, qui exprime la volonté des acheteurs d'accepter des cours plus élevés. La troisième séance confirme le déroulement de la deuxième séance et, signalée avec l'ombre supérieur plus haute, exprime la volonté des acheteurs d'accepter des cours encore plus hauts. Ceci annonce que la tendance haussière se poursuivra

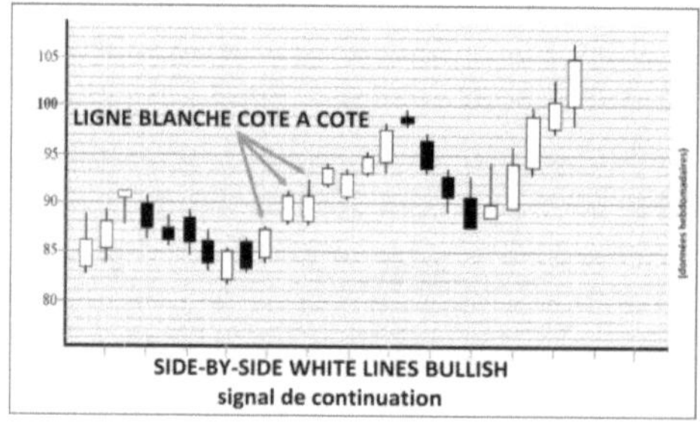

La formation SIDE-BY-SIDE HAUSSIER est un signal très fiable exprimant la poursuite de la tendance haussière. Néanmoins la confirmation dans la séance suivante avec un chandelier blanc est souhaitable.

LIGNES DE SÉPARATION HAUSSIÈRES

Bullish separating lines

Les LIGNES DE SÉPARATION HAUSSIÈRES confirment la tendance haussière, malgré la présence d'un chandelier noir.

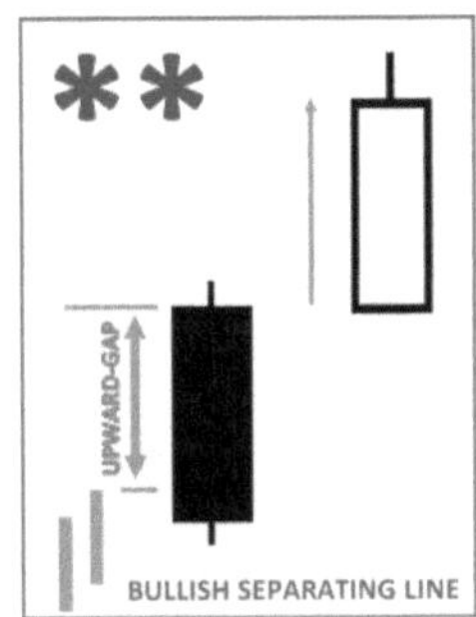

Composition :

1) La 1ère séance débute avec un UPWARD-GAP important. Trop de propositions de vente poussent le cours vers le bas en créant un chandelier noir. La clôture se fait proche du niveau des séances précédentes.

2) La 2ème séance ouvre avec le même cours d'ouverture que la 1ère séance. Les propositions de vente ont disparu et le cours remonte fortement.

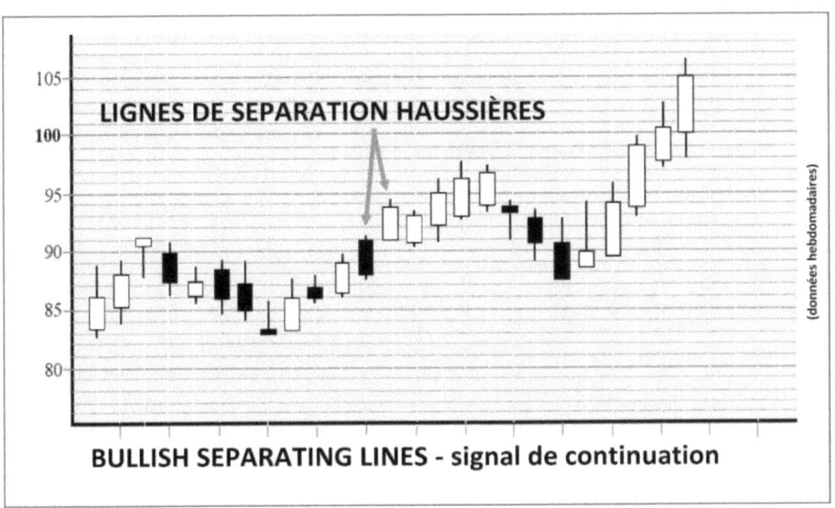

C'est un signal fort de continuation de la tendance haussière !

Mat hold or Rising three methods

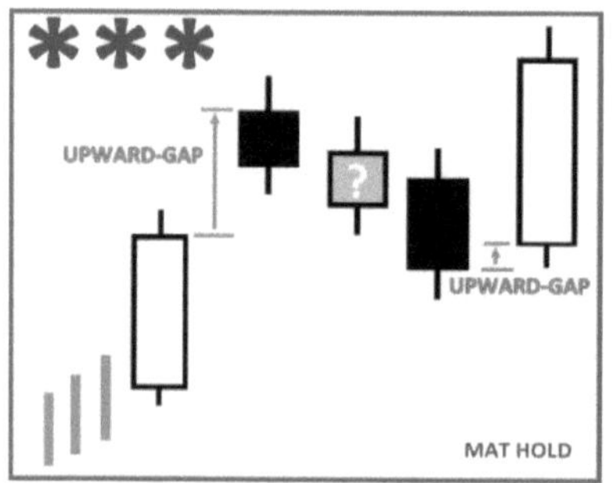

Le PORTE-DRAPEAU, ou MAT HOLD, est composé de cinq chandeliers. C'est une configuration de poursuite d'une série à tendance haussière.

Configuration :
1) Le premier chandelier blanc est de grande taille.

2) Après un UPWARD-GAP se présentent trois chandeliers noirs plutôt de petite taille, dont la couleur du 3ème de ce groupe ne joue pas d'importance. Ce 3ème chandelier peut être blanc.

3) Le 5ème chandelier blanc est très grand. Il se positionne après un UPWARD-GAP au-dessus du cours de clôture du chandelier noir précédent.

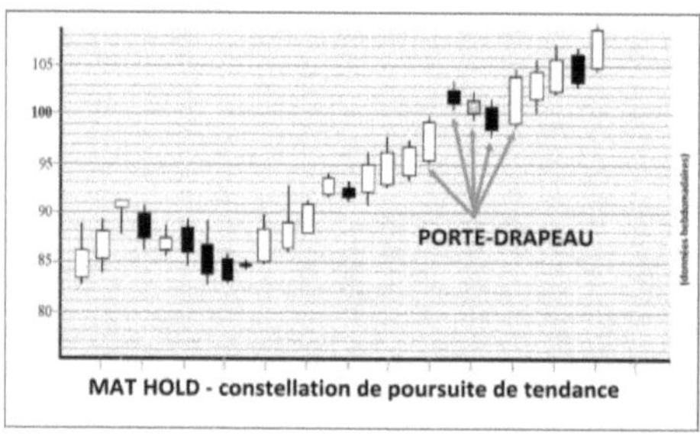

La configuration du PORTE-DRAPEAU ou MAT HOLD ou RISING THREE METHODS est un signal très fort de la poursuite de la tendance haussière.

Chapitre 4

TENDANCE : baissière
DERNIER CHANDELIER : noir

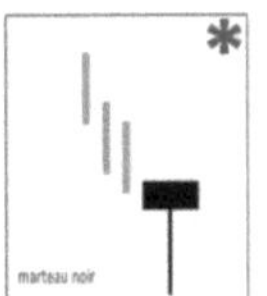
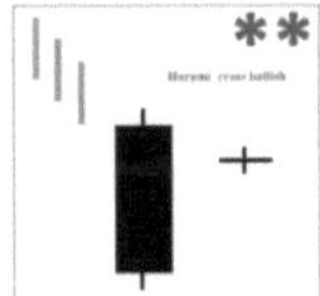
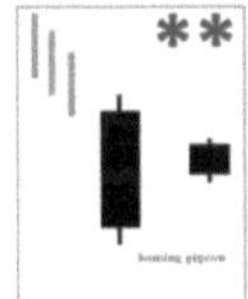
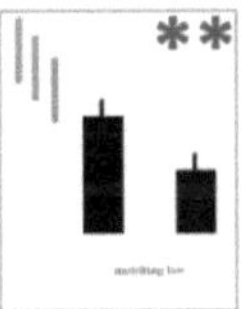

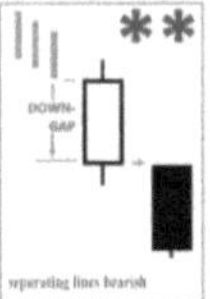

Rappel de la signification des étoiles :

✱✱✱   Trois étoiles = fiabilité forte.

✱✱   Deux étoiles = fiabilité moyenne.

✱   Une étoile = fiabilité faible.

MARTEAU NOIR

Hammer

Le MARTEAU et LE PENDU sont peut-être les deux chandeliers les plus célèbres. La même figure en fin d'une période baissière s'appelle MARTEAU, en fin d'une période haussière elle s'appelle LE PENDU.

Ces deux figures peuvent être aussi bien blanches que noires.

Le MARTEAU est une bougie dans une tendance à la baisse. Il est caractérisé par un corps relativement petit et possède une longue ombre vers le bas. Cette ombre doit être au moins deux fois plus grande que le corps du marteau.

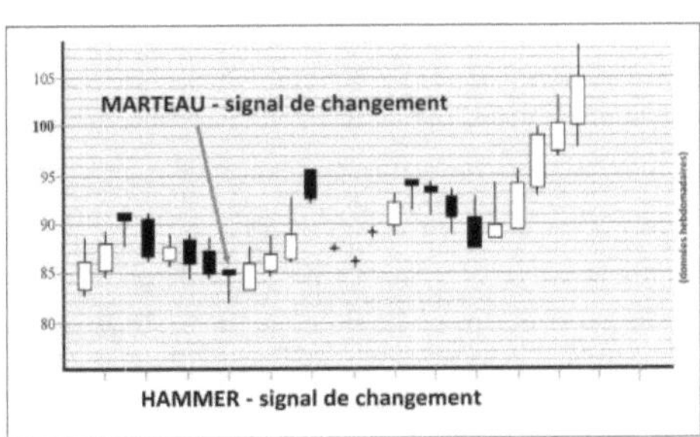

Le MARTEAU peut être un signal fort de changement de tendance. Ce changement de tendance est confirmé si la séance suivante présente un grand chandelier blanc.

Néanmoins certains professionnels jugent la fiabilité du MARTEAU faible et donne même le prédicat : FAUX SIGNAL !

HARAMI DOJI HAUSSIER

Harami cross bullish

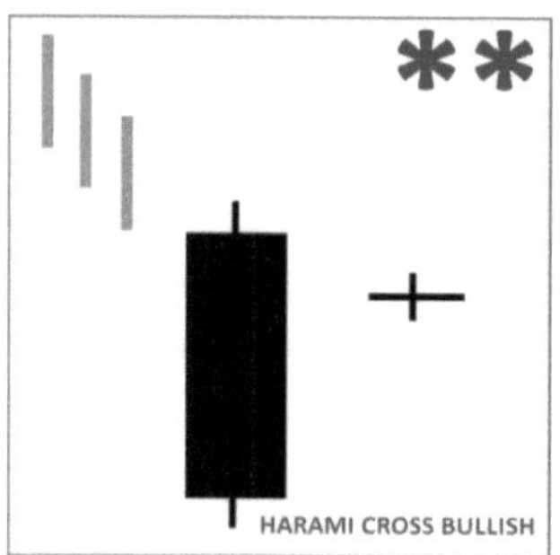

C'est un signal assez fort de retournement de tendance après une série de séances baissières.

Logique du marché : après une tendance baissière plus ou moins longue, les propositions d'achat et de vente s'équilibrent. Si le HARAMI DOJI est suivi d'une séance haussière (non présente sur le dessin), la plupart des vendeurs devraient racheter leurs positions. Il en résulte une montée du cours.

Le signal de retournement est d'autant plus fort que :

1. le corps du DOJI, chandelier n°2, se trouve dans la zone haute du corps du chandelier n°1 ;
2. le chandelier n°1 englobe la totalité du chandelier n°2, ombres comprises.

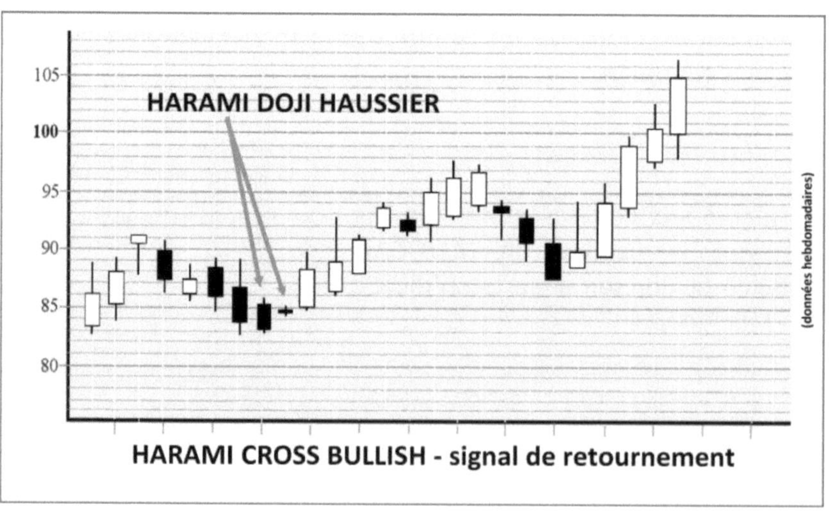

LE PIGEON

Homing pigeon

Deux chandeliers noirs après une série de séances baissières devraient être considérés comme signal baissier.
Mais cette formation ici représente une exception.

Un grand chandelier noir est suivi par un petit chandelier noir positionné complètement à l'intérieur du corps
du premier chandelier.

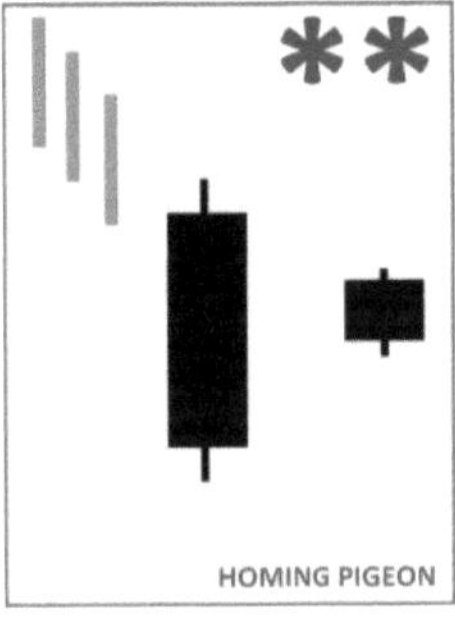

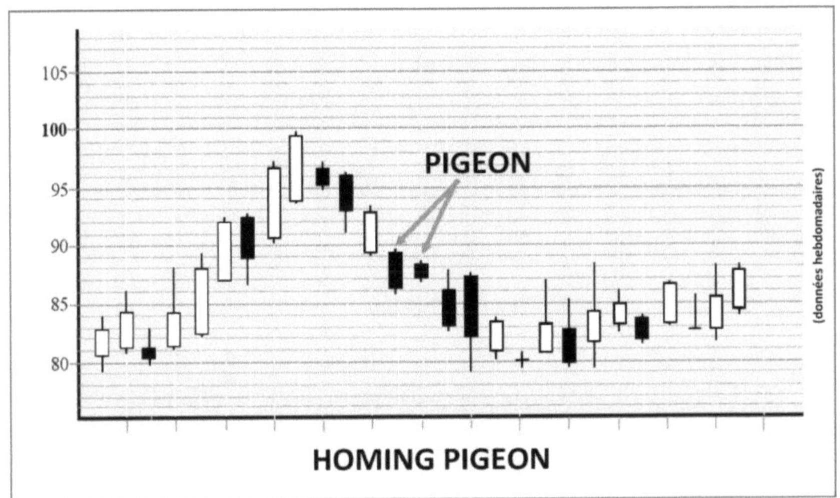

Bien que cette configuration soit composée de deux chandeliers noirs, elle
peut annoncer un retournement de tendance. Mais cet éventuel retournement de tendance nécessite obligatoirement une confirmation par une ou
deux séances suivantes !

Matching low

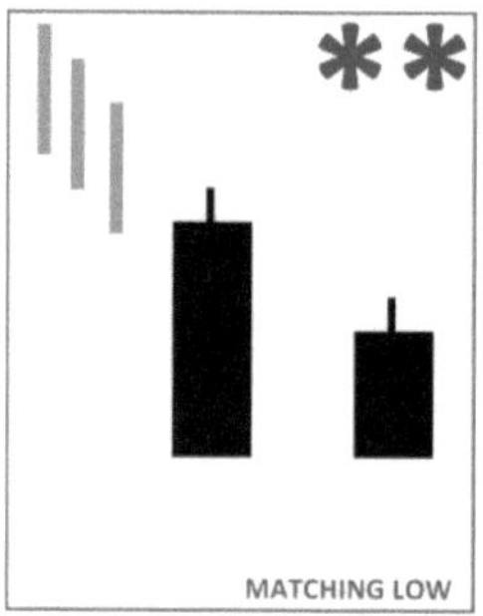

Cette configuration composée de deux chandeliers noirs annonce un retournement de tendance.

Les deux séances ont les mêmes cours les plus bas. Ces cours les plus bas sont également les cours de clôtures. Les deux chandeliers ne possèdent aucune ombre basse.

Si le MATCHING LOW doit être interprété comme signal de retournement vers une tendance haussière, les cours ne devraient en aucun cas descendre en-dessous de ses cours de clôtures !

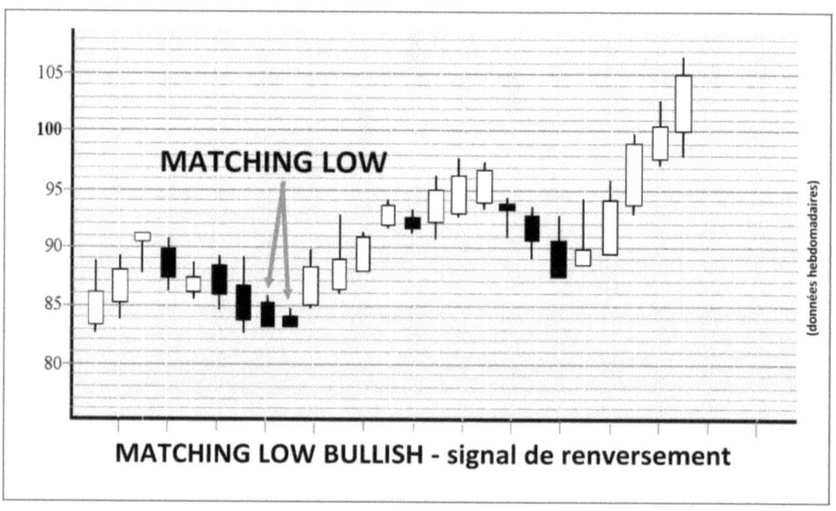

Avant prise de décision, il faut attendre confirmation pendant les séances suivantes.

BÉBÉ AVALÉ DISSIMULÉ

Concealing baby swallow

Cette configuration est souvent présentée comme signal de renversement de tendance.

Mais si on regarde les statistiques, on est obligé de constater qu'il s'agit souvent d'un FAUX SIGNAL et la tendance baissière ne s'interrompt pas.

Pour cette raison, la configuration du BÉBÉ AVALÉ n'est donnée qu'à titre informatif sans classement ou conseil.

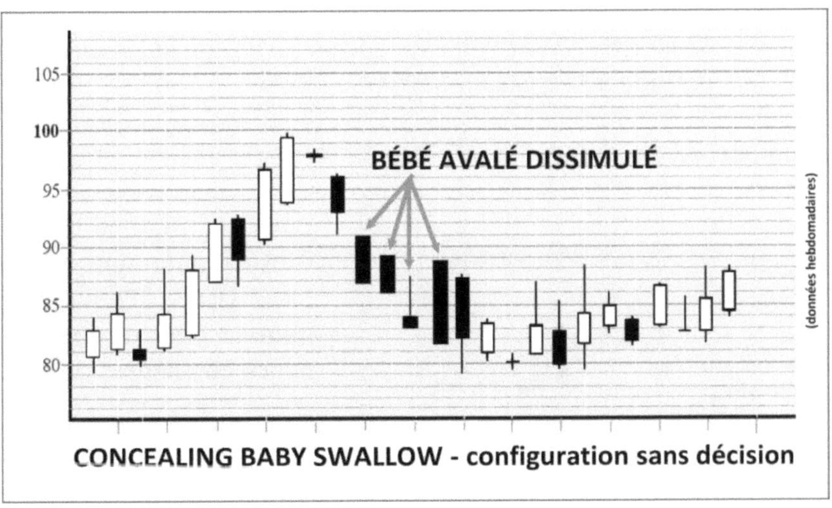

Cette configuration exige l'attente et l'observation d'au moins deux ou trois séances suivantes.

Bearish separating lines

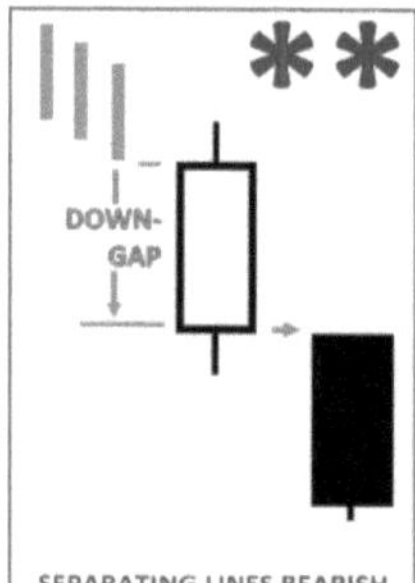

La configuration des BEARISH SEPARATING LINES confirme la tendance baissière, malgré la présence d'un chandelier blanc.

Composition :
1) La 1ère séance débute avec un DOWN-GAP important. La clôture se fait au niveau des séances précédentes.

Logique du marché : le prix d'ouverture est si bas que les ordres d'achat affluent et font monter le cours.

2) La 2ème séance ouvre avec le même cours d'ouverture que la séance du chandelier blanc.

Logique du marché : les boursiers trouvent le cours de la séance précédente trop élevé et recommencent au niveau du départ de cette séance précédente en faisant baisser le cours.

Important : le chandelier noir ne doit posséder aucune ombre supérieure.

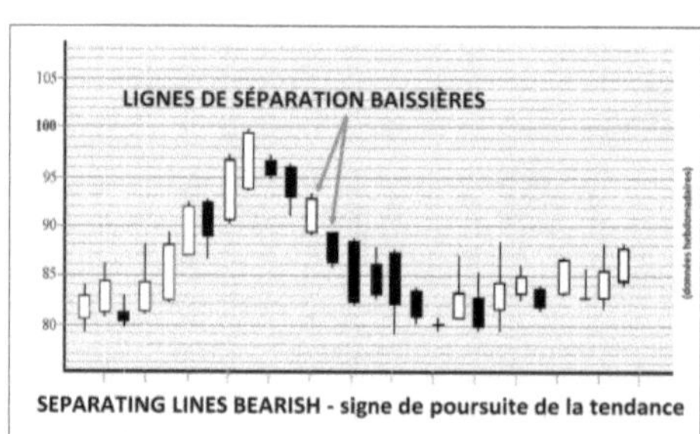

Dans cet exemple les séances suivantes confirment que le SEPARATING LINES BEARISH est fréquemment un signe de poursuite de la tendance baissière.

Chapitre 5

TENDANCE : baissière
DERNIER CHANDELIER : blanc

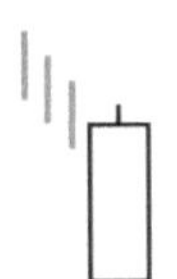

Rappel de la signification des étoiles :

✱✱✱   Trois étoiles = fiabilité forte.

✱✱   Deux étoiles = fiabilité moyenne.

✱   Une étoile = fiabilité faible.

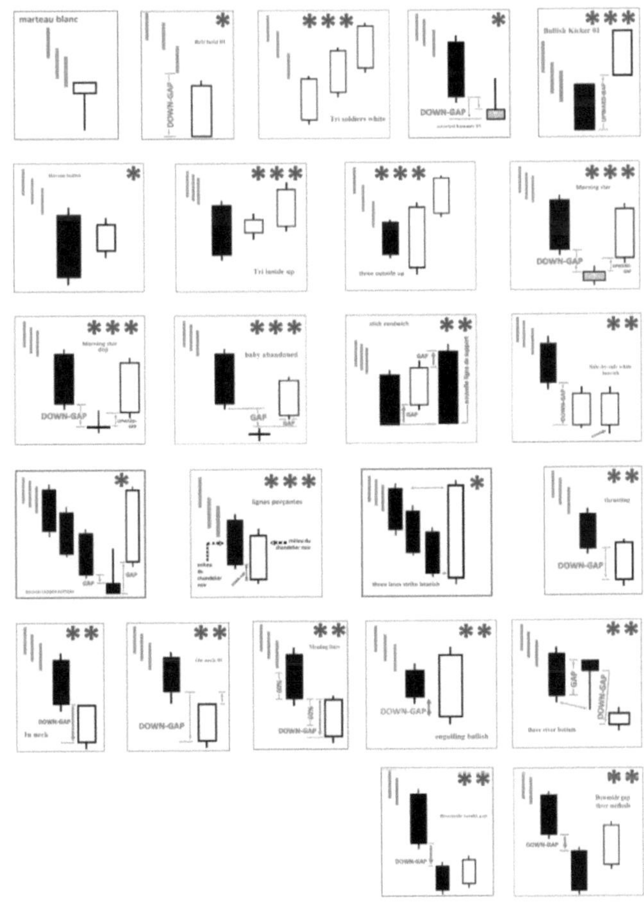

MARTEAU BLANC

White hammer

Le MARTEAU et LE PENDU sont peut-être les deux chandeliers les plus célèbres. La même figure en fin d'une période baissière s'appelle MARTEAU, en fin d'une période haussière elle s'appelle LE PENDU.

Ces deux figures peuvent être aussi bien blanches que noires.

Le MARTEAU est un chandelier dans une tendance à la baisse. Il est caractérisé par un corps relativement petit et possède une longue ombre vers le bas. Cette ombre doit être au moins deux fois plus grande que le corps du MARTEAU.

Le MARTEAU peut être un signal fort de changement de tendance. Ce changement de tendance est confirmé si la séance suivante présente un grand chandelier blanc.

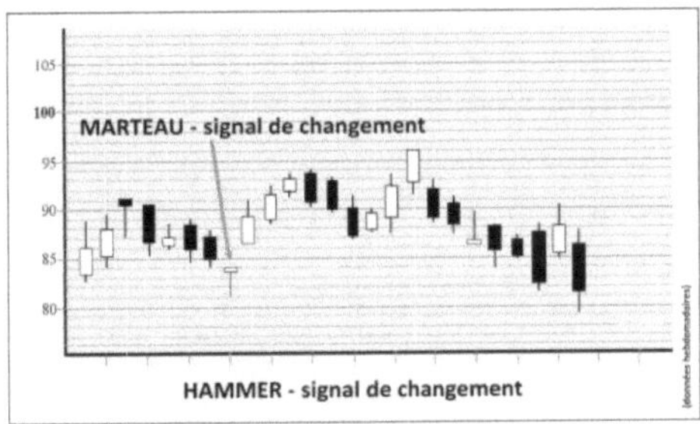

Néanmoins certains professionnels jugent la fiabilité du MARTEAU faible et donne même le prédicat : FAUX SIGNAL !

CEINTURE HAUSSIÈRE

Belt hold bullish

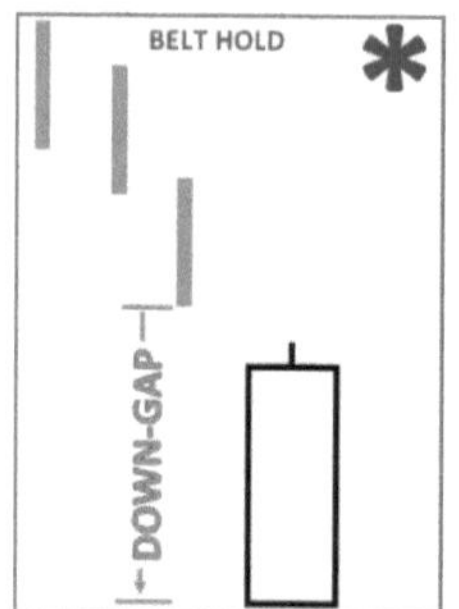

Cette constellation est très rare. C'est un White Opening Marubozu, un MARUBOZU blanc avec une petite ombre supérieure.

Dans un long mouvement baissier le cours casse de façon abrupte en créant un DOWN-GAP. Au lieu de continuer la descente, le cours remonte. Le cours de clôture se stabilise très proche du cours le plus haut de la séance.

CONSEIL de prudence : La CEINTURE HAUSSIÈRE est un White Opening Marubozu et ne doit avoir aucune ombre basse en-dessous du cours d'ouverture. Le boursier fait bien d'attendre une confirmation dans la séance suivante avant de prendre position.

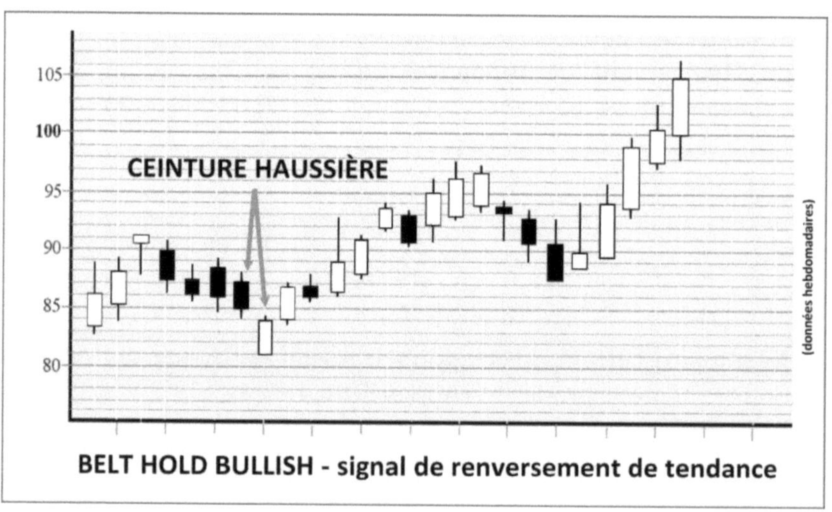

BELT HOLD BULLISH - signal de renversement de tendance

Le cours d'ouverture représente fréquemment une nouvelle ligne de défense.

TROIS SOLDATS BLANCS

Three White Soldiers

La combinaison des TROIS SOLDATS BLANCS est un signal de retournement de tendance très fort.

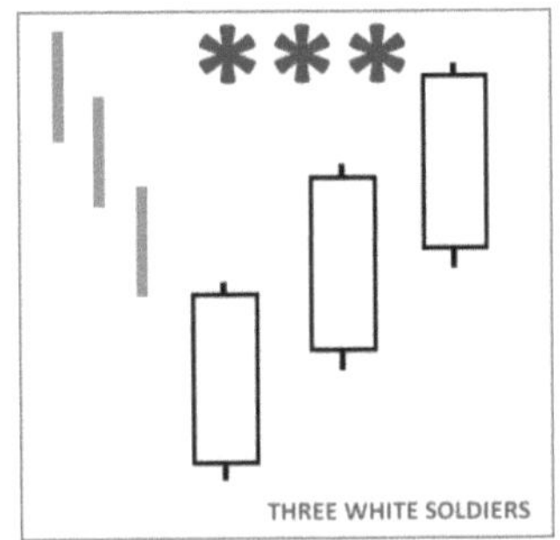

Configuration :

1) le cours d'ouverture de chaque séance se trouve obligatoirement à l'intérieur du corps de la bougie de la séance précédente,

2) le cours de clôture doit se trouver bien au-dessus du cours de clôture de la séance précédente,

3) les ombres supérieures devraient être les plus courts possibles.

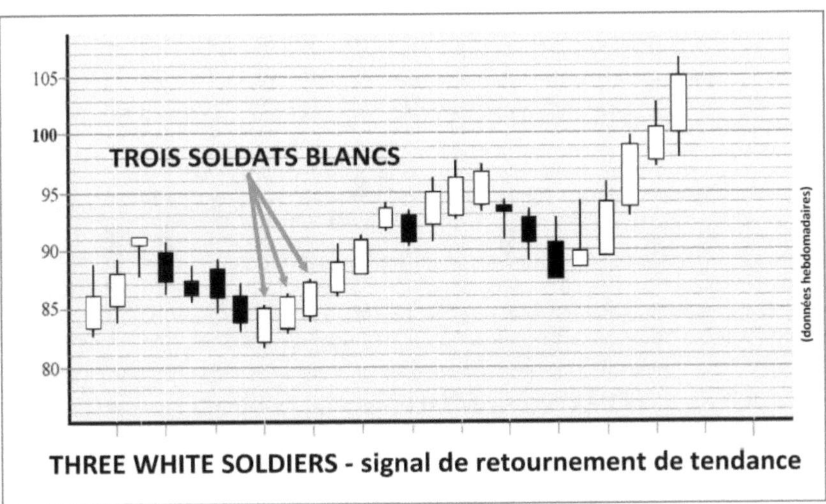

THREE WHITE SOLDIERS - signal de retournement de tendance

Cette combinaison des TROIS SOLDATS BLANCS après une série de séances baissières engage le cours définitivement dans une tendance haussière.

MARTEAU INVERSÉ

Inverted hammer

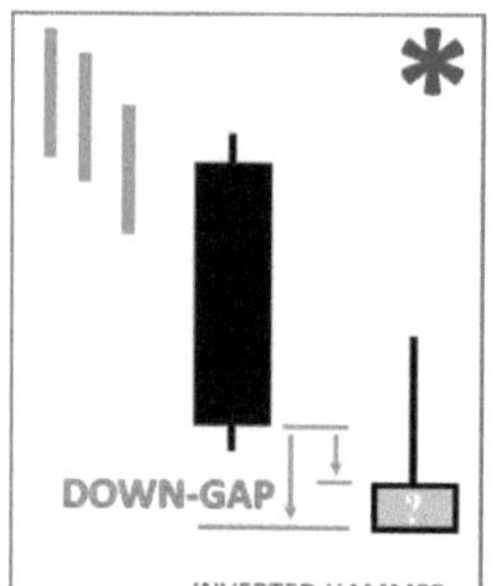

Le MARTEAU INVERSÉ est caractérisé par un petit corps et une longue ombre vers le haut. Il est positionné dans une FENÊTRE, ou GAP, créée entre la bougie noire précédente et le MARTEAU INVERSÉ.

Logique du marché : le cours d'ouverture a été significativement plus bas que le cours de clôture de la séance précédente. Pendant la séance du MARTEAU INVERSÉ, la demande des acheteurs a poussé le cours vers le haut loin à l'intérieur de la bougie précédente. Mais ce cours haut n'a pas pu être gardé et la séance a clôturé plus bas, proche du cours d'ouverture.

De ce fait, le MARTEAU INVERSÉ peut être aussi bien NOIR que BLANC.

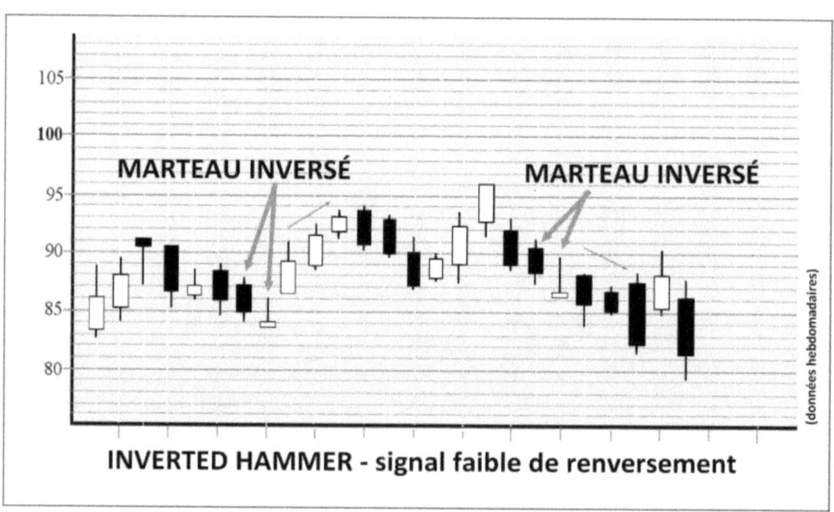

CONSEIL de prudence : Le MARTEAU INVERSÉ est un signal faible de renversement de tendance et demande toujours une confirmation pendant la séance ou les deux séances suivantes !

Bullish kicker

Cette combinaison de deux chandeliers est très inté-ressante.

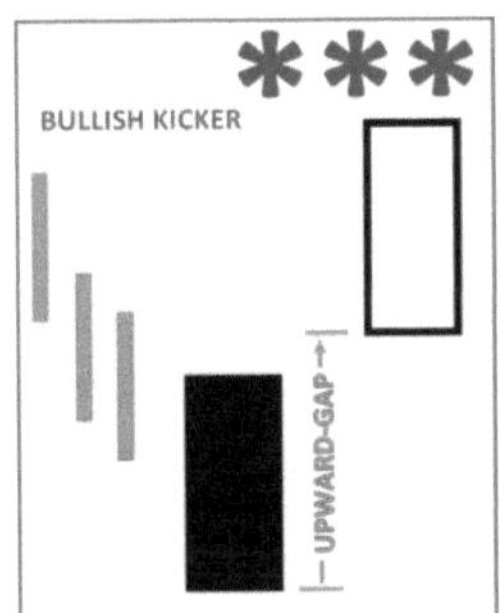

Logique du marché : Cette configuration se produit après une annonce surprenante de bonnes nouvelles sur la valeur cotée.

La tendance pendant les séances précédentes, souvent baissière, ne joue que peu de rôle.

Logique du marché : après une séance morose avec une forte baisse du cours pendant la séance (chandelier noir du type Morubozu négatif), il se crée d'abord un UPWARD-GAP pour l'ouverture de la séance suivante. Au lieu de recommencer une descente, le cours remonte dès l'ouverture vers un nouveau sommet en terminant la cotation avec le cours le plus haut de la séance. Ce 2ème chandelier est du type Marubozu positif.

L'absence totale ou presque des ombres, aussi bien chez le 1er chandelier comme chez le 2ème, est très rare.

Le BULLISH KICKER est un signal fort et raisonnablement fiable annonçant une série de cotations haussières !

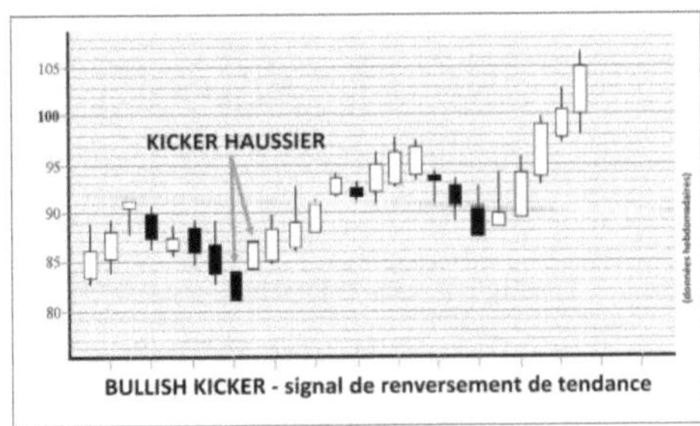

BULLISH KICKER - signal de renversement de tendance

HARAMI HAUSSIER

Harami bullish

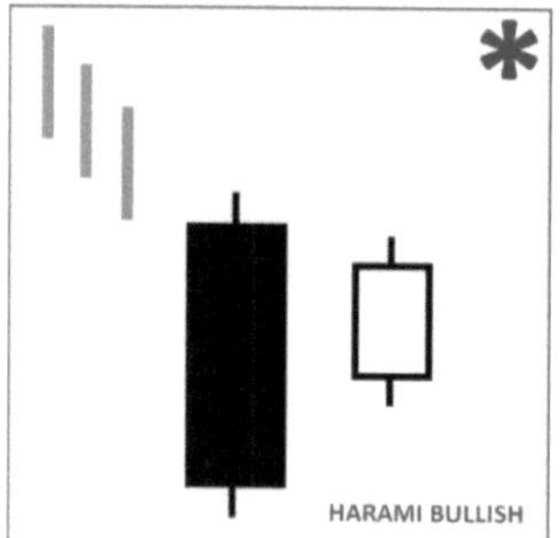

C'est un signal de retournement de tendance.

Le HARAMI HAUSSIER ou BULLISH se crée après une série de séances baissières.

Logique du marché : après une tendance baissière plus ou moins longue, les propositions de vente diminuent et si cette configuration de HARAMI HAUSSIER est suivie d'une séance haussière (non présente sur le dessin), les demandes d'achat deviennent majoritaires.

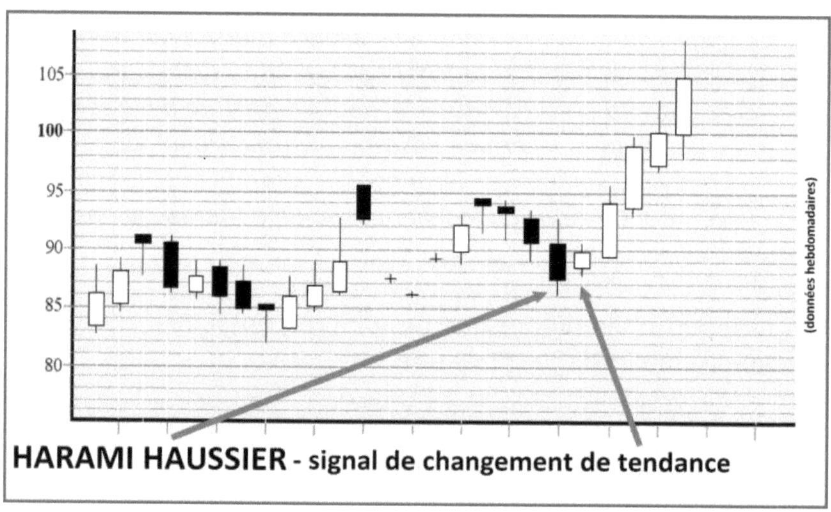

Le signal de retournement est d'autant plus fort que le corps blanc, chandelier n°2, se trouve dans la zone haute du corps du chandelier n°1 et le chandelier n°1 englobe la totalité du chandelier n°2, ombres comprises.

Three inside up

Le THREE INSIDE UP termine une tendance haussière.

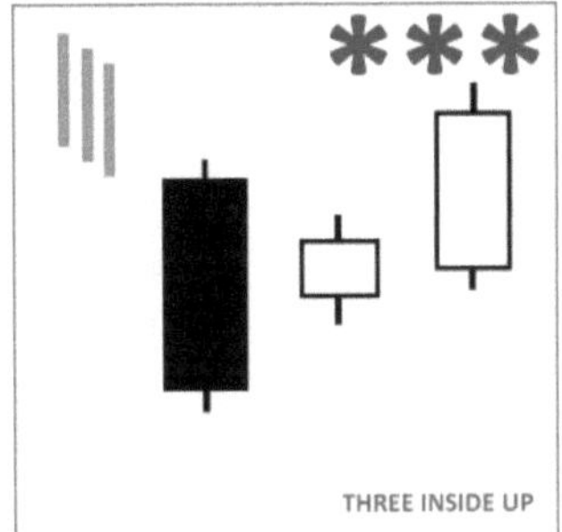

Composition :

1) Un grand chandelier noir est suivi par un chandelier blanc.

2) Pendant la 2ème séance (1er chandelier blanc), on constate que le cours
d'ouverture se trouvant à l'intérieur du chandelier noir précédent n'évalue
que peu vers le haut pendant la séance.

3) La 3ème séance ouvrant à l'intérieur du 2ème chandelier (1er chandelier blanc),
et évoluant très significativement vers le haut, portant le cours de clôture
bien au-dessus du chandelier noir de la 1ère séance.

> *Logique du marché : après une certaine hésitation des acheteurs pendant
> la 2ème séance, le cours repart bien à la hausse en apportant aux ache-
> teurs la confiance souhaitée.*

Le 3ème chandelier donne la confirmation du début de la tendance
haussière et le signal d'achat.

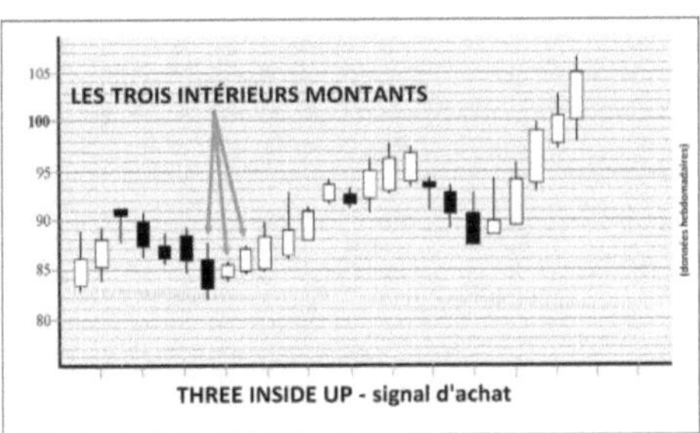

Three outside up

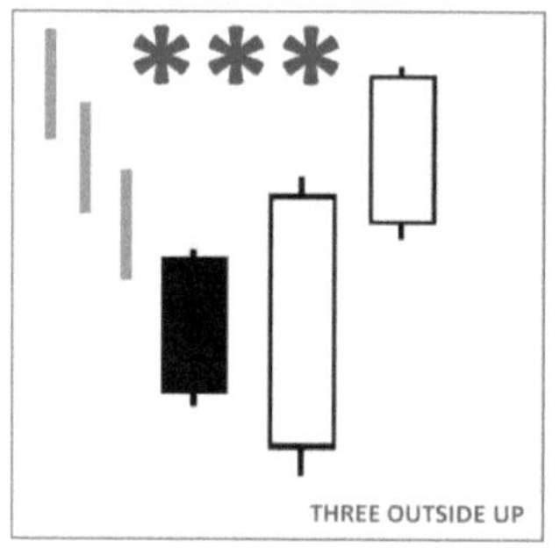

La configuration des TROIS EXTÉRIEURS HAUS-SIERS, plus souvent appelés THREE OUTSIDE UP, est un signal très fort de retournement de tendance.

Configuration :

1) Le cours d'ouverture de chaque séance se trouve obligatoirement à l'intérieur du corps de la bougie de la séance précédente.

2) Le premier chandelier blanc couvre entièrement le chandelier noir précédent et le cours de clôture doit se trouver bien au-dessus du cours d'ouverture de la séance précédente.

3) Les ombres supérieures devraient être les plus courts possibles.

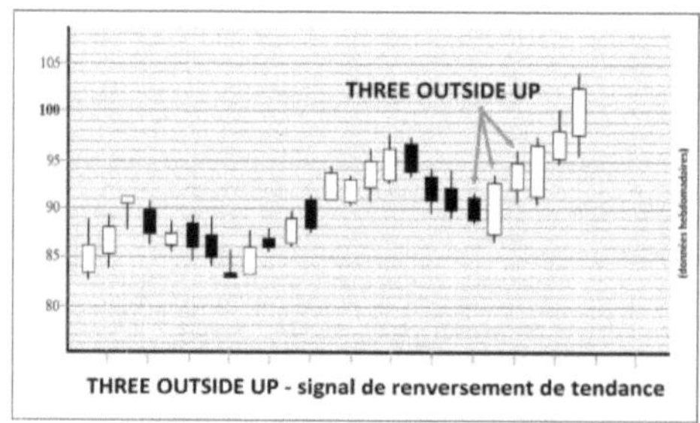

THREE OUTSIDE UP - signal de renversement de tendance

Après une série de séances baissières cette combinaison des THREE OUTSIDE UP engage le cours définitivement vers la hausse.

Morning star

La configuration de l'ETOILE DU MATIN arrête souvent une série baissière.

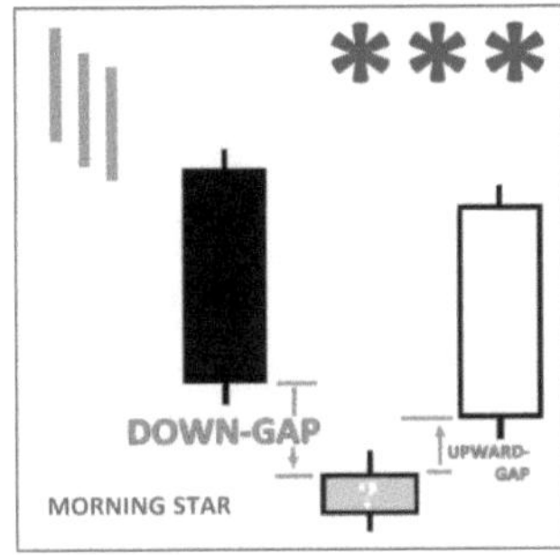

1) Première séance : une longue bougie noire témoigne encore d'une séance avec plus d'offres de vente que de demandes d'achat.

2) La séance suivante cette longue bougie noire (2ème séance), s'ouvre avec un DOWN-GAP (gap descendant) significatif. Le corps de ce deuxième chandelier est petit avec très peu d'ombres. La couleur de ce chandelier n'a pas d'importance.

3) La 3ème séance commence avec un UPWARD-GAP (gap ascendant). Pendant la séance le cours monte très fort pour rentrer au maximum dans le corps de la première bougie. Le signal perd de sa force si ce troisième chandelier ne débute pas avec un UPWARD-GAP.

Trois caractères définissent la force du signal de retournement :

1) plus petits sont la taille du corps et les ombres du chandelier de la 2ème séance, plus fort est le signal,

2) plus la taille du UPWARD-GAP de la 3ème séance est importante, plus fort est le signal,

3) plus le corps de la 3ème séance adopte la taille du chandelier de la première séance, plus fort est le signal.

Morning star DOJI

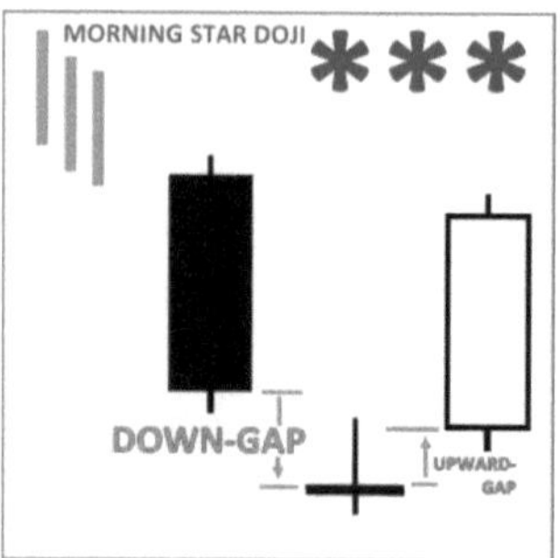

'ETOILE DU MATIN DOJI, encore plus significative que l'ÉTOILE DU MATIN ordinaire, signale l'arrêt d'une série de séances baissières.

Logique du marché : après avoir été dominés par les offres de vente, les acheteurs reprennent, augmentent leurs demandes et la tendance des cours est à la hausse.

Composition :
1) Première séance : une longue bougie noire.

2) La séance suivante cette longue bougie noire (2ème séance) s'ouvre avec un DOWN-GAP significatif (gap descendant). Le corps de ce deuxième chandelier est un DOJI avec peu d'ombres. C'est le témoignage de l'indécision des boursiers.

3) La 3ème séance commence avec un UPWARD-GAP (gap ascendant). Pendant la séance le cours monte très fortement pour rentrer au maximum dans le corps de la première bougie (chandelier noir).

Le signal perd de sa force si ce troisième chandelier ne débute pas avec un UPWARD-GAP.

Deux caractères définissent la force du signal de retournement :

1. la taille du UPWARD-GAP du cours de la 3ème séance – plus il est important, plus fort est le signal,
2. plus le corps de la 3ème séance prend la taille du chandelier de la première séance, plus fort est le signal.

Graphique montrant l'ÉTOILE DU MATIN DOJI de la page précédente.

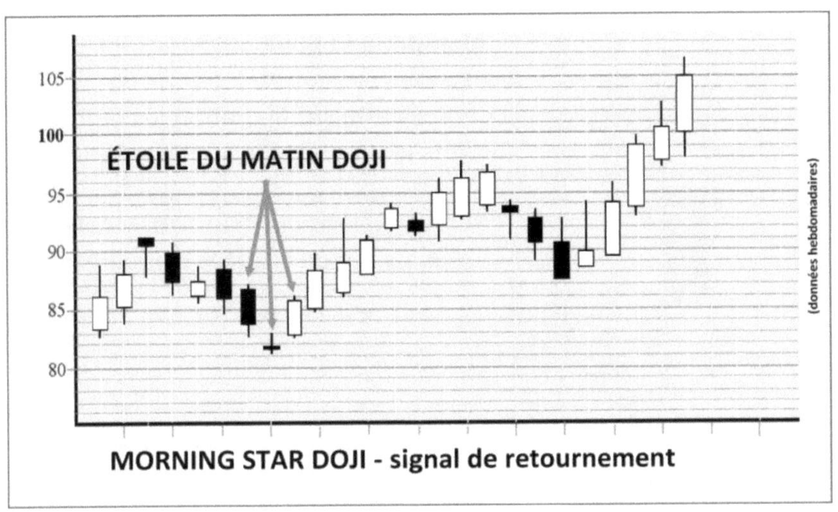

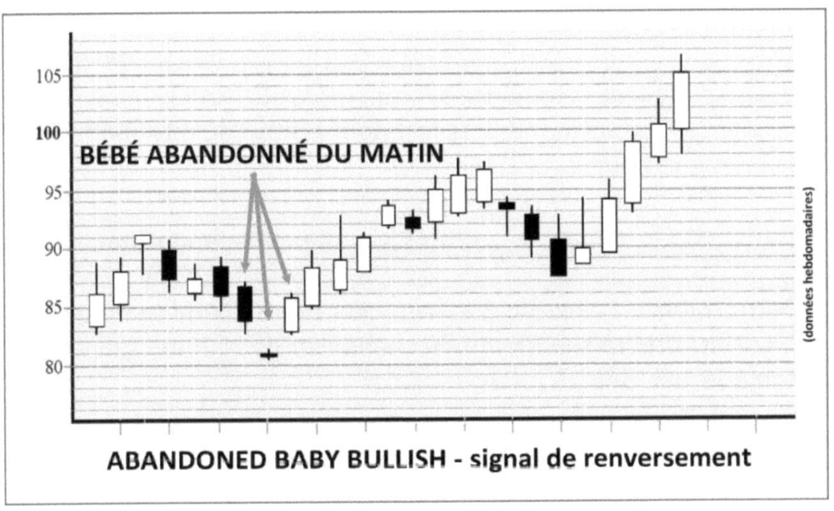

Graphique montrant le BÉBÉ ABANDONNÉ DU MATIN de la page suivante.

BÉBÉ ABANDONNÉ DU MATIN

Abandoned baby bullish

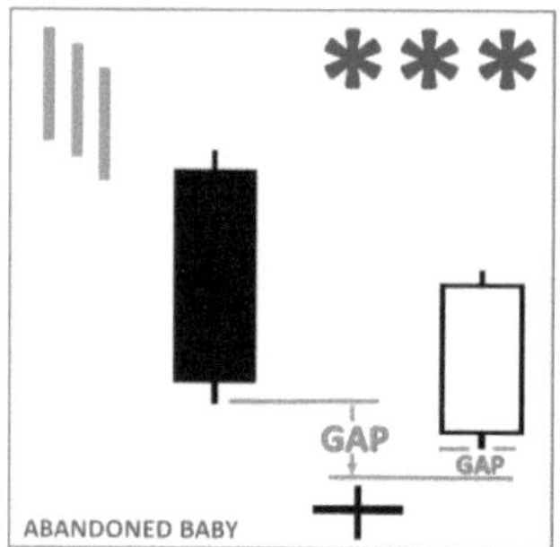

Dans cette configuration les ombres des chandeliers jouent un rôle important.

La configuration BÉBÉ DU MATIN signale l'arrêt d'une série de séances baissières.

Composition :
1) Première séance : une longue bougie noire.

2) La séance suivante cette longue bougie noire (2ème séance) débute avec un DOWN-GAP significatif (gap descendant). Le corps de ce deuxième chandelier est un DOJI avec très peu d'ombres.

3) La 3ème séance commence avec un UPWARD-GAP (gap ascendant). Pendant la séance le cours monte très fort pour rentrer au maximum dans le corps de la première bougie.

Dans cette formation les ombres jouent un rôle important.

Entre l'ombre du bas du 1er chandelier noir et l'ombre du bas du chandelier blanc et l'ombre supérieure du chandelier de la 2ème séance (le DOJI), il y a toujours des GAP.

Le DOJI ne possède donc aucun contact avec les deux chandeliers. D'où le nom de BÉBÉ ABANDONNÉ !

Le BÉBÉ DU MATIN est considéré comme un signal fort de retournement de tendance !

SANDWICH HAUSSIER

Stick sandwich

La formation du SANDWICH HAUSSIER, plus souvent appelée STICK SANDWICH, est un signal de retournement de tendance.

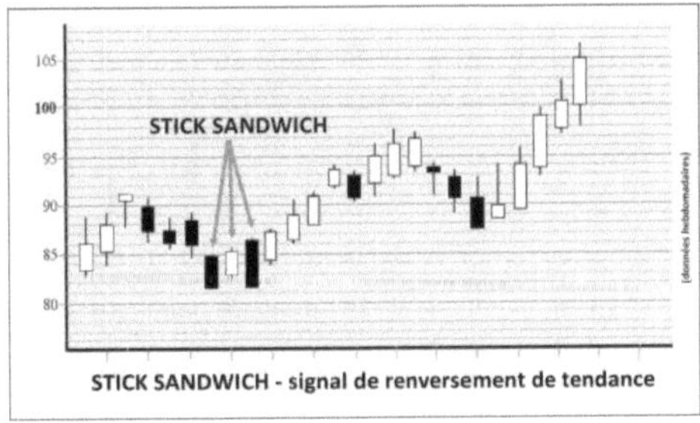

Description de la configuration :

1) un grand chandelier noir sans ombre basse.

2) la deuxième séance ouvre avec un UP-WARD-GAP en positionnant le cours d'ouverture d'un chandelier blanc plus haut que le cours de clôture de la séance précédente.

3) la 3ème séance s'ouvre également avec un UPWARD-GAP, mais le cours subit une baisse importante. Elle clôture avec le même cours que le cours de clôture de la première séance.

> *Logique du marché : car les deux chandeliers noirs ne possèdent aucun ombre bas, les boursiers estiment qu'une nouvelle ligne de résistance s'est créée. Si les cours ne peuvent pas descendre en-dessous de cette nouvelle ligne de résistance, il n'y a qu'à envisager la hausse ou la neutralité de futurs cours.*

La fiabilité de ce signal de renversement de tendance n'est que moyenne. Une confirmation du renversement de tendance dans une 4ème séance est souhaitable.

Attention : si un des deux chandeliers noirs possède une ombre basse, aussi petite soit-elle, la poursuite de la tendance baissière est probable !

LIGNE BLANCHE DESCENDANTE COTE A COTE

Side-by-side White lines bearish

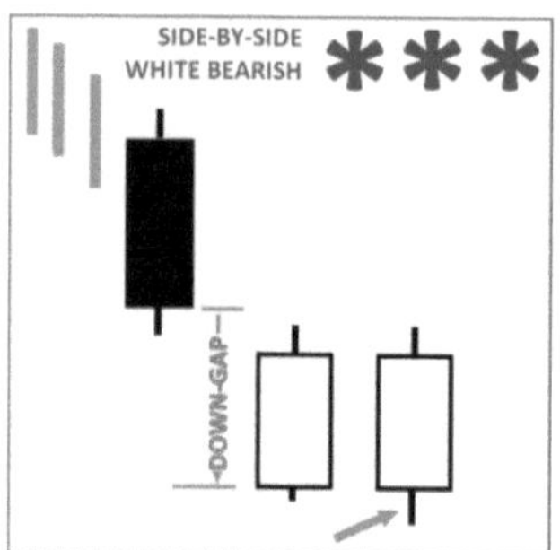

C'est une figure d'un contexte baissier.

Composition :

1) + 2) Un grand chandelier noir est suivi avec un DOWN-GAP par un chandelier blanc.

3) Ce 2ème chandelier est doublé pendant la 3ème séance par un chandelier blanc de la même taille. Ces deux chandeliers, 2ème et 3ème, ont le même cours de clôture. Le 3ème chandelier possède une ombre basse plus longue. Cette ombre dépasse en longueur l'ombre basse du 2ème chandelier.

Logique du marché : le premier chandelier noir confirme la tendance baissière. La deuxième séance s'ouvre avec un saut vers le bas. Ensuite les cours remontent pendant la séance mais clôturent en laissant un GAP entre le 1er chandelier blanc et le chandelier noir de la séance précédente. Ceci exprime la volonté des vendeurs d'accepter des cours plus bas. La troisième séance confirme le déroulement de la deuxième séance et le chandelier possédant une ombre basse plus longue, exprime la volonté des acheteurs d'exiger des cours encore plus bas.

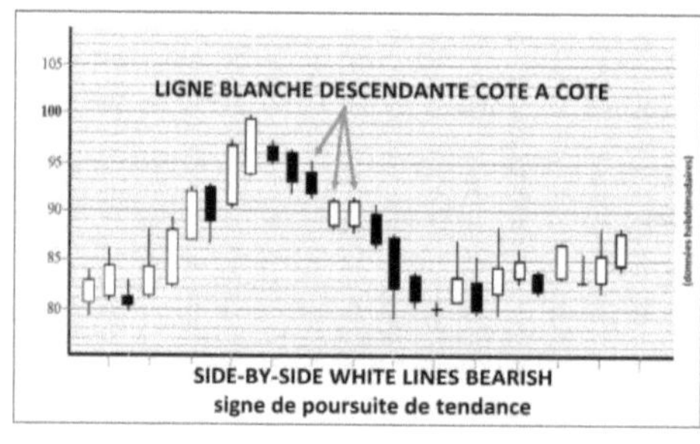

La formation LIGNE BLANCHE CÔTE-À-CÔTE DESCENDANTE est un signal très fiable exprimant la poursuite de la tendance baissière.

Néanmoins la confirmation d'une nouvelle séance avec un chandelier en baisse est souhaitable.

ÉCHELLE DU BAS HAUSSIÈRE

BULLISH LADDER BOTTOM

Composition :

1) Dans une tendance baissière se présentent au moins trois grand chandeliers noirs.

2) Le 3ème grand chandelier noir est suivi par un DOWN-GAP et un MARTEAU INVERSÉ noir possédant une longue ombre haute.

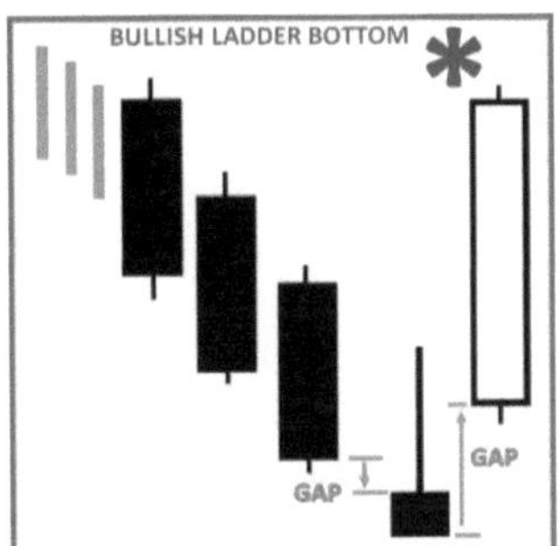

3) La dernière séance (1er chandelier blanc), ouvre avec un UPWARD-GAP important. Ce chandelier blanc est d'une taille extraordinaire et clôture la séance avec un cours à hauteur du cours d'ouverture du 1er chandelier noir.

> *Logique du marché : Sur une grande période les boursiers ont pu à chaque séance baisser les cours. Mais une des règles des marchés financiers dit qu'une telle descente ne durera jamais éternellement. Le MARTEAU INVERSÉ est un premier signal d'alerte. Confirmé par un grand chandelier blanc ouvert avec un UPWARD-GAP important, le renversement de tendance est annoncé.*

Le 5ème chandelier, ou le seul chandelier blanc, donne la confirmation du début de la tendance haussière et le signal d'achat. Mais prudent, le boursier attend une confirmation dans une séance suivante.

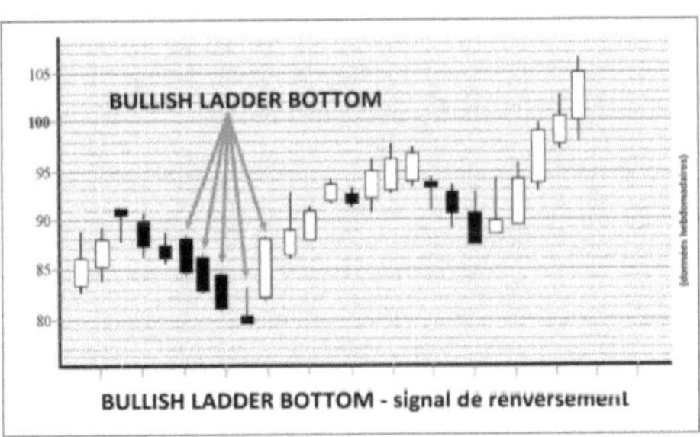

BULLISH LADDER BOTTOM - signal de renversement

LIGNE PERÇANTE HAUSSIÈRE

Piercing line

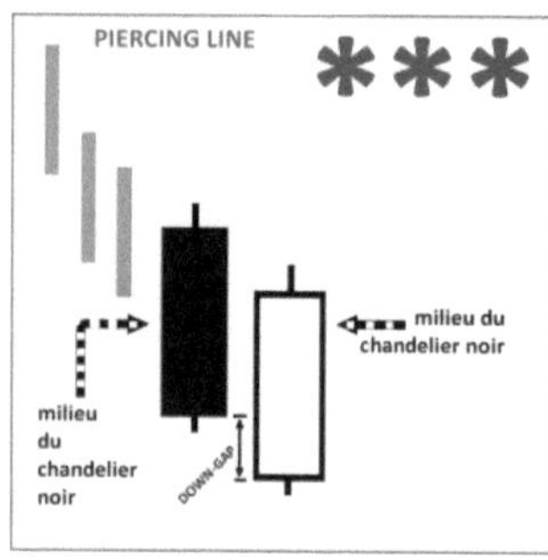

Dans une tendance baissière, un grand chandelier noir peut être considéré comme annonce d'un changement de tendance, si la séance suivante débute avec un cours d'ouverture dans un DOWN-GAP, et cette 2ème séance se déroule dans une ambiance haussière.

Conditions pour une PÉNÉTRANTE HAUSSIÈRE :

Le DOWN-GAP est assez important et le 2ème chandelier blanc récupère une grande partie du cours perdu pendant la séance précédente. Le cours de clôture doit se trouver au-dessus de la moitié du 1er chandelier noir de la séance précédente.

Dans ces conditions, la PÉNÉTRANTE HAUSSIÈRE devient un signal très fort pour un changement de tendance vers une série de séances haussières.

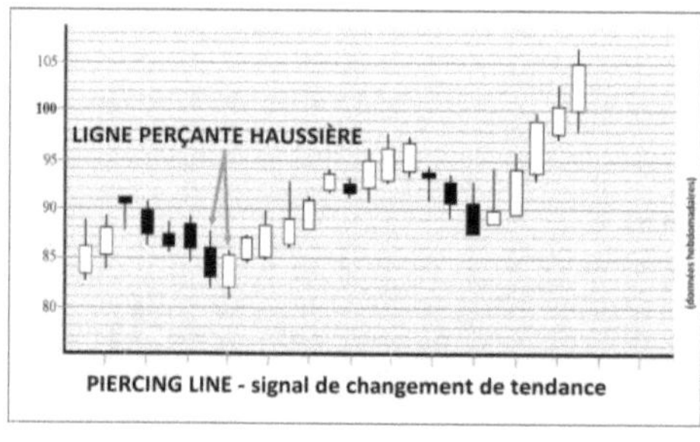

ATTENTION : si le chandelier blanc de la 2ème séance n'arrive pas à dépasser les 50% des pertes de la 1ère séance, la formation devient un THRUSTING BEARISH avec comme résultat la poursuite de la tendance baissière.

TROIS LIGNES PERCÉES BAISSIÈRES

Three lines strike bearish

Cette configuration est composée de trois chandeliers noirs dans une tendance générale à la baisse. Ils sont suivis par un chandelier blanc avalant la totalité de ces trois chandeliers noirs précédents.

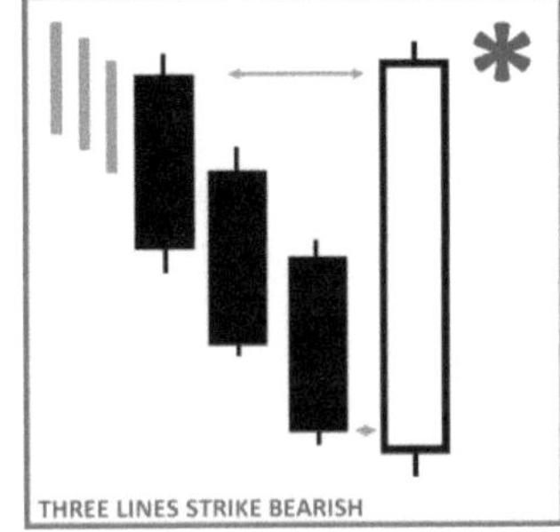

Logique du marché : dans une descente constante les acheteurs ont tenté de regagner le terrain perdu, mais les vendeurs et leur volonté d'encaisser les bénéfices sont plus forts. La descente continue.

Composition :

1. Le marché est caractérisé par la tendance baissière.

2. Les trois chandeliers noirs sont d'une taille importante.

3. Le chandelier blanc avale la totalité des trois chandeliers noirs, ombres incluses.

Pour une prise de décision, l'attente d'une nouvelle séance est fortement conseillée.

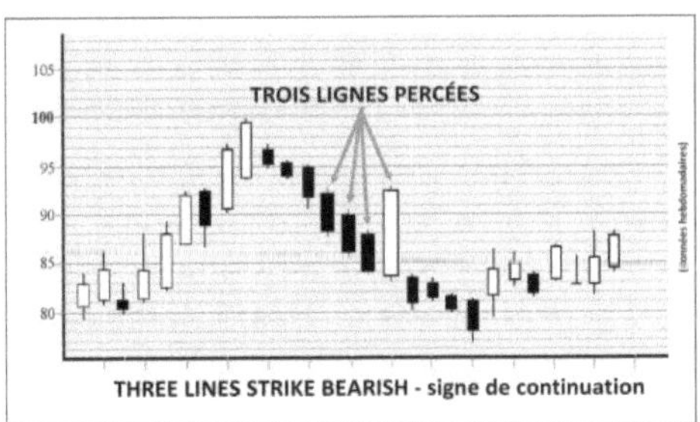

THREE LINES STRIKE BEARISH - signe de continuation

PLONGEANT BAISSIÈRE

Thrusting bearish

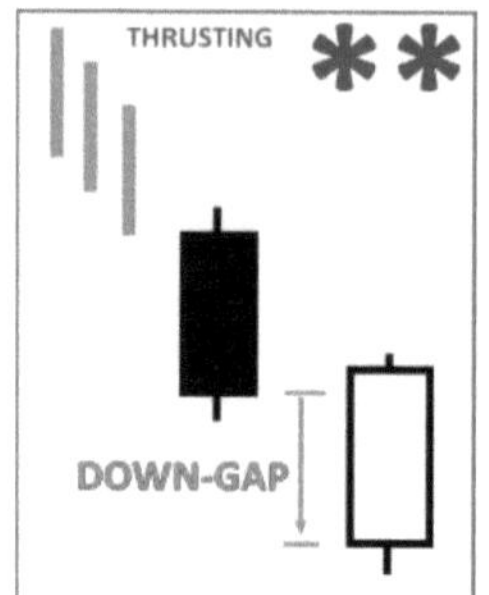

Dans une tendance baissière, un grand chandelier noir peut être considéré comme faux annonce d'un changement de tendance, si la séance suivante débute avec un cours d'ouverture dans un DOWN-GAP et cette 2ème séance se déroule dans une ambiance haussière.

Condition pour une PLONGEANT BAISSIÈRE : le 2ème chandelier blanc ne récupère qu'une partie du cours perdu pendant la séance précédente. Le cours de clôture ne doit pas être supérieur de la moitié du 1er chandelier noir de la séance précédente.

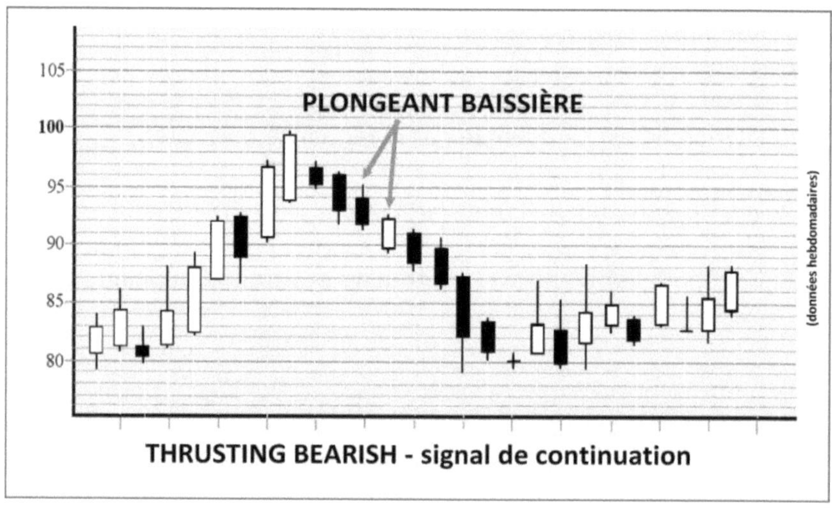

Dans cette condition, la combinaison de ces deux chandeliers n'est pas une PÉNÉTRANTE HAUSSIÈRE mais un véritable THRUSTING BEARISH. Il n'annonce aucun changement de tendance. La tendance baissière se poursuit.

In neck

Deux chandeliers, un grand chandelier noir suivi par un grand chandelier blanc, peuvent être considérés comme signe de confirmation de la tendance baissière.

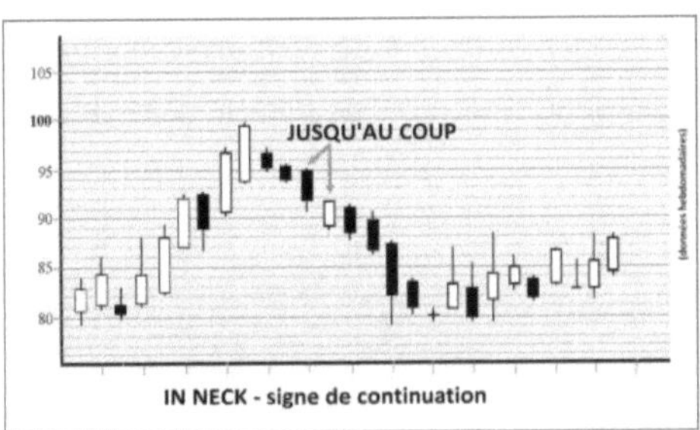

Composition :

1) La séance suivante débute avec un cours d'ouverture dans un DOWN-GAP et cette 2ème séance se déroule dans une ambiance haussière.

2) Le cours de clôture du chandelier blanc correspond exactement au cours de clôture du chandelier noir de la séance précédente.

3) Le chandelier blanc ne possède aucune ombre supérieure.

Avant de prendre une décision, le boursier attend la confirmation dans la séance suivante. Celle-ci devrait se présenter avec une forte baisse et un grand volume échangé.

Il ne faut pas confondre le JUSQU'AU COUP avec le BULLISH MEETING LINE qui est un signal de changement de tendance !

On neck

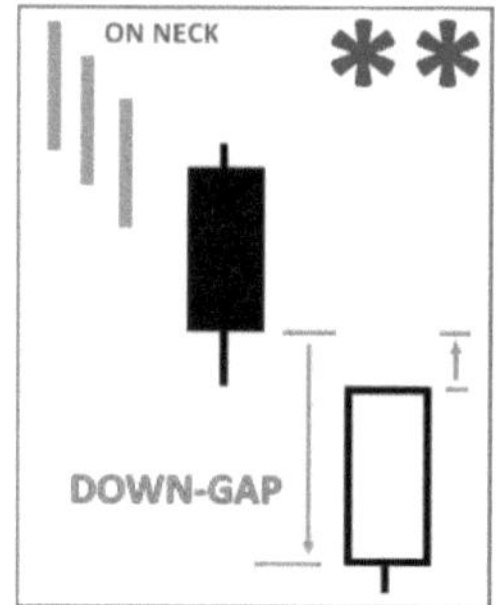

Deux chandeliers, un grand chandelier noir suivi par un grand chandelier blanc, peuvent être considérés comme signe de confirmation de la tendance bais-sière.

Composition :

1) La séance suivante débute dans une ambiance haus-sière avec un cours d'ouverture dans un DOWN-GAP.

2) Le cours de clôture du chandelier blanc est plus bas que le cours de clôture du chandelier noir de la séance précédente.

3) Le chandelier blanc ne possède aucune ombre supérieure.

4) Le cours de clôture est également le cours le plus haut de la séance.

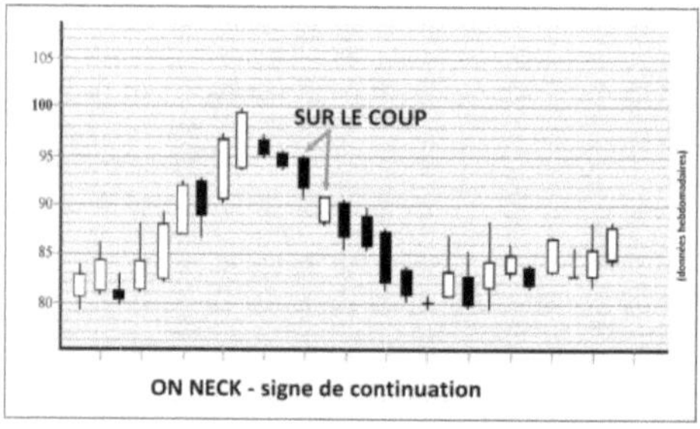

Avant une prise de décision, le bour-sier attend la confirmation dans la séance suivante. Celle-ci devrait se présenter avec une forte baisse et un grand volume de titres échangés.

Il ne faut pas confondre la formation du SUR LE COUP avec le BULLISH MEE-TING LINE qui est un signal de changement de tendance !

LIGNES DE CONTRE-ATTAQUES HAUSSIÈRES

Meeting lines bullish

Cette configuration est un signal de renversement de de la tendance baissière.

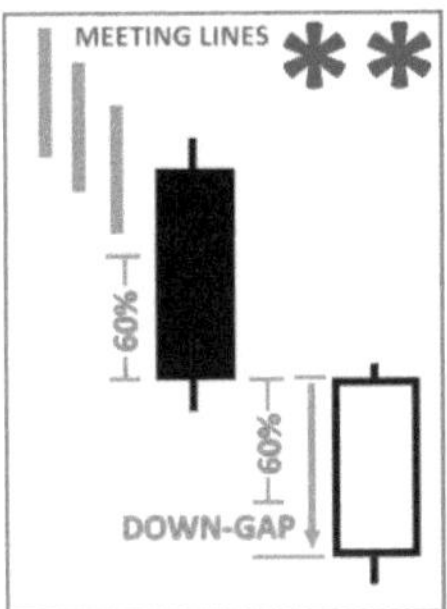

Composition :

1) La 1ère séance clôture avec un grand chandelier noir.

2) La 2ème séance commence avec un important DOWN-GAP. Celui-ci doit avoir une taille plus grande d'au moins 60% du volume du chandelier noir de la 1ère séance.

Il s'agit alors de comparer le DOWN-GAP créé entre le cours de clôture de la 1ère séance (chandelier noir), et le cours d'ouverture de la 2ème séance (chandelier blanc), avec la longueur du corps noir de la 1ère séance. Ce DOWN-GAP doit mesurer au moins 60% de la taille du chandelier noir.

Logique du marché : après une période baissière arrivent finalement des demandes d'achat suffisantes pour monter le cours pendant la 2ème séance jusqu'au niveau du cours de clôture de la 1ère séance. Le cours de clôture de la deuxième séance doit se situer à peu près au niveau du cours de clôture de la 1ère séance.

Cette configuration est un signal assez fiable de renversement de tendance vers un cycle haussier. Mais avant une prise de décision, le boursier attend la confirmation dans la séance suivante.

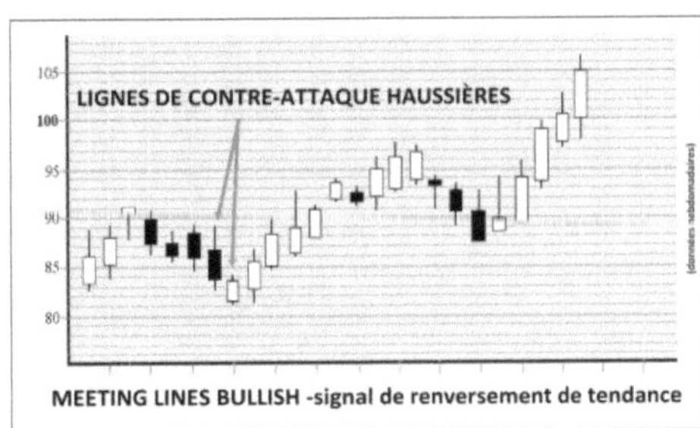

MEETING LINES BULLISH -signal de renversement de tendance

Engulfing bullish

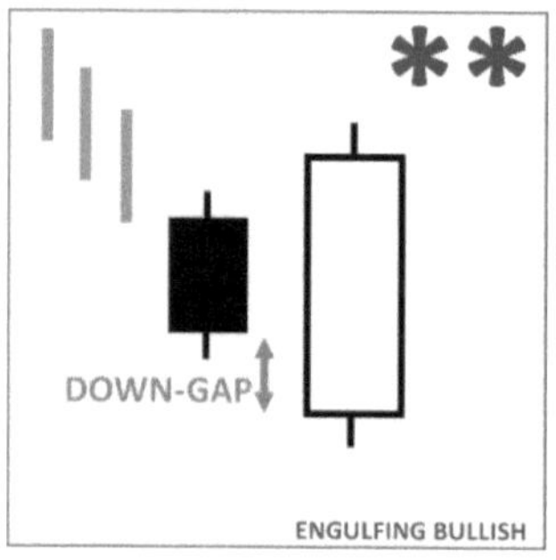

L'ENGLOBANTE HAUSSIÈRE, ou AVALEMENT HAUSSIER, dans les chandeliers japonais est un signal de retournement très efficace et fréquent.

Le chandelier noir représente un petit mouvement de baisse dans la continuité de la tendance baissière. Puis la séance suivante se crée à l'ouverture un GAP-DOWN entre le cours de clôture de la séance baissière (chandelier noir), et le cours d'ouverture (chandelier blanc). Puis le cours part à la hausse jusqu'au plus haut dépassant le cours d'ouverture de la séance précédente (chandelier noir). Le chandelier blanc englobe totalement le chandelier précédent.

Si le corps blanc avale l'intégralité du chandelier noir qui le précède (corps et ombres), il s'agit d'un signal fort vers le renversement de tendance.

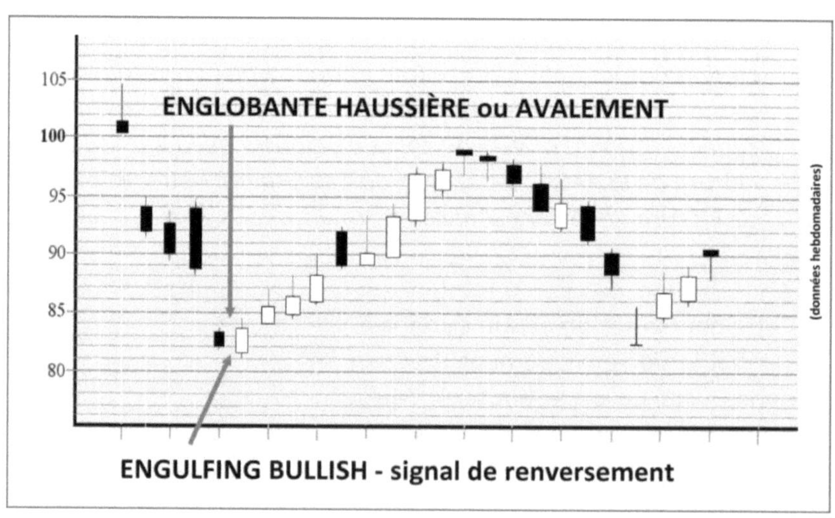

Unique three river bottom

Cette configuration est généralement un signal d'arrêt de la tendance baissière.

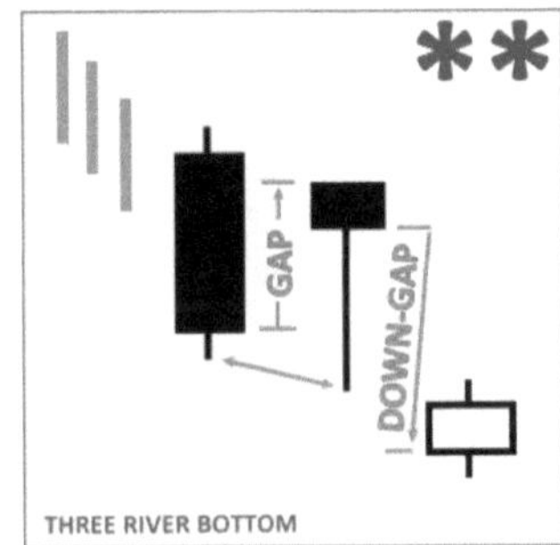

Composition :
1) La 1ère séance débute avec une importante baisse du cours présentée par un long chandelier noir.

2) La 2ème séance ouvre avec un UPWARD-GAP. Pendant la séance le cours subit une forte baisse en dépassant le cours le plus bas de la séance précédente. Mais grâce à un retournement, la clôture se fait proche du cours d'ouverture au-dessus de la moitié du chandelier de la séance précédente.

3) Le cours d'ouverture reste le cours le plus haut de la séance.

4) Il n'y a aucune ombre supérieure sur le petit chandelier noir, dit MARTEAU.

5) La 3ème séance débute avec un DOWN-GAP et crée un petit chandelier blanc. 6) Le corps de ce chandelier blanc doit se situer en-dessous du chandelier noir de la séance précédente.

Le signal de changement de tendance est encore plus fort si le chandelier blanc se trouve en plus endessous du cours le plus bas de la séance précédente.

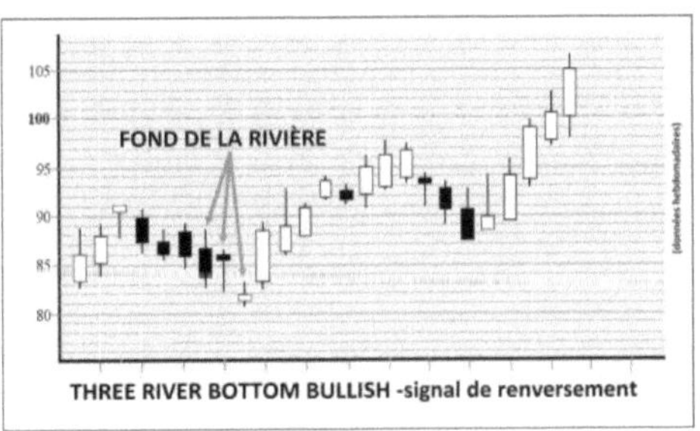

THREE RIVER BOTTOM BULLISH -signal de renversement

TASUKI GAP BAISSIER

Downside tasuki gap

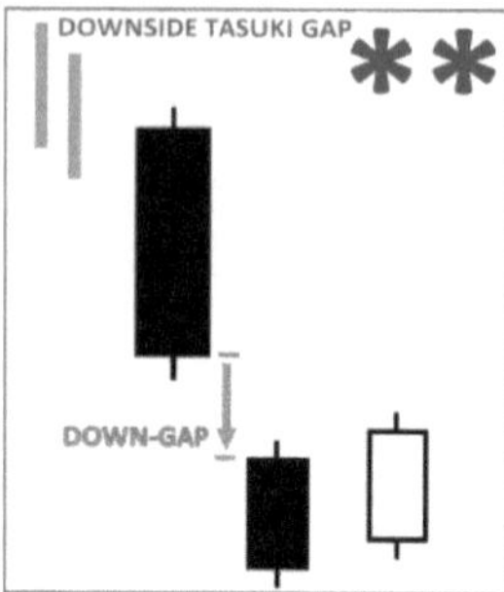

Le TASUKI GAP BAISSIER signale une poursuite de la tendance baissière.

Configuration :

1) Le TASUKI GAP BAISSIER débute dans la 1ère séance avec une importante baisse du cours présentée par un long chandelier noir.

2) La 2ème séance ouvre avec un DOWN-GAP et poursuit la baisse.

3) La 3ème séance présente un pseudo-renversement de tendance et crée un petit chandelier blanc. Le cours d'ouverture se situe à l'intérieur du chandelier noir précédent. Néanmoins ni le corps, ni les ombres du chandelier blanc ne doivent fermer le GAP créé par les deux chandeliers noirs.

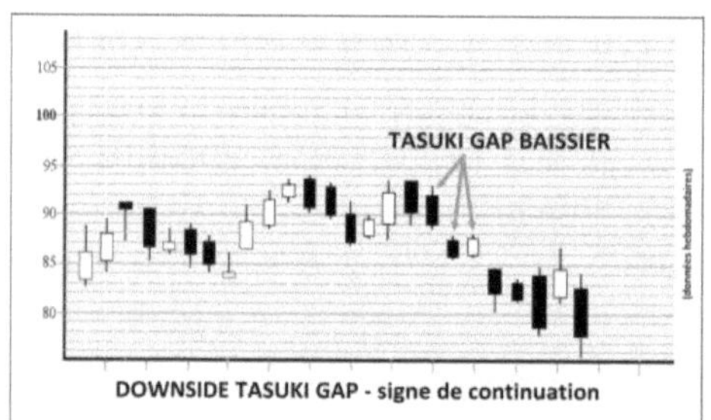

Cette configuration demande obligatoirement une confirmation dans les séances suivantes.

La séance suivante devrait ouvrir en-dessous du cours de clôture du chandelier blanc sans fermer le GAP entre le chandelier noir et le chandelier blanc.

GAP THREE METHODS BAISSIER

Downside gap three methods

Le DOWNSIDE GAP THREE METHODS peut confirmer la poursuite de la tendance baissière, malgré la présence d'un chandelier blanc.

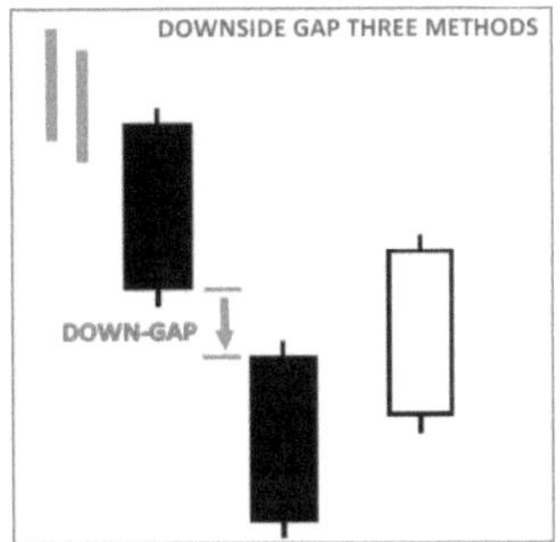

Composition :
1) Le DOWNSIDE GAP THREE METHODS débute avec une importante baisse du cours pendant la 1ère séance matérialisée par un long chandelier noir.

2) La 2ème séance démarre avec un DOWN-GAP et poursuit la baisse en formant un grand chandelier noir.

3) La 3ème séance exprime une consolidation du marché. Le chandelier blanc ferme le GAP créé entre les deux chandeliers noirs précédents. Le cours d'ouverture de la 3ème séance se situe à l'intérieur du chandelier noir précédent. Ce chandelier blanc ne devrait néanmoins pas trop rentrer dans le corps du chandelier noir de la 1ère séance.

Cette configuration demande obligatoirement une confirmation dans les séances suivantes car la poursuite de la tendance baissière n'est pas aussi sûre que ça.

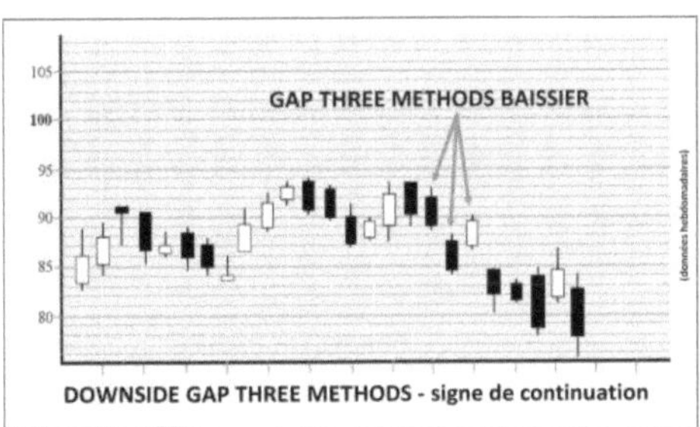

DOWNSIDE GAP THREE METHODS - signe de continuation

Nombreux sont les boursiers qui attribuent à cette configuration une signification de changement de tendance au lieu de la poursuite baissière !

Chapitre 6

TENDANCE : baissière ou haussière
DERNIER CHANDELIER : DOJI

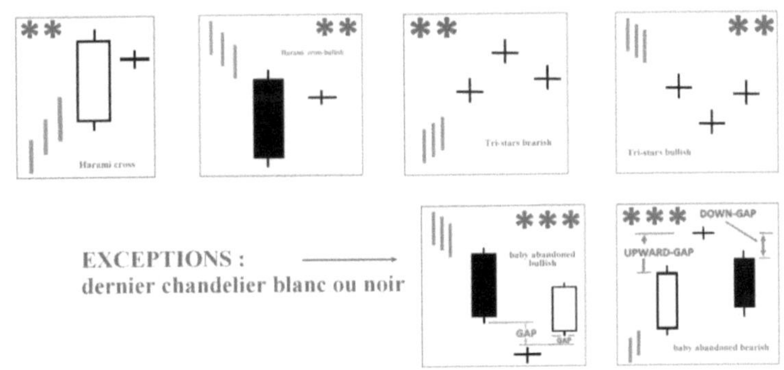

Rappel de la signification des étoiles :

*** Trois étoiles = fiabilité forte.

** Deux étoiles = fiabilité moyenne.

* Une étoile = fiabilité faible.

HARAMI DOJI BAISSIER

Harami cross bearish

Le HARAMI DOJI se crée à la fin d'une série de séances haussières.

Logique du marché : après une série de séances haussières plus ou moins longues, les acheteurs commencent à perdre foi en la hausse. Si le HARAMI est suivi d'une journée de baisses (non présentes sur le dessin), les demandes d'achats devraient diminuer.

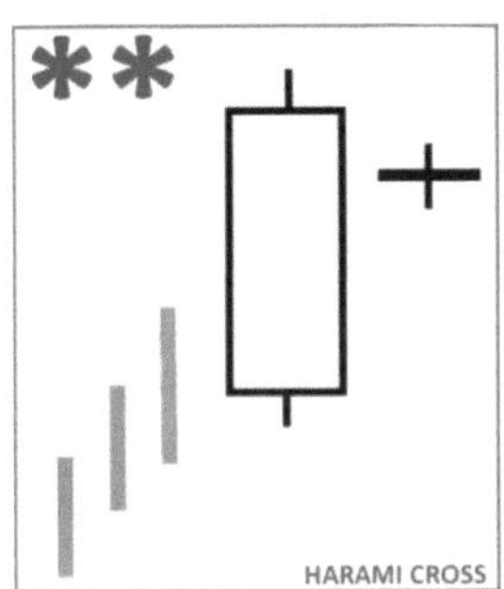

Le signal de retournement est d'autant plus fort que :

1. le corps du DOJI, chandelier n°2, se trouve dans la zone haute du corps du chandelier n°1 ;
2. le chandelier n°1 englobe la totalité du chandelier n°2, ombres comprises.

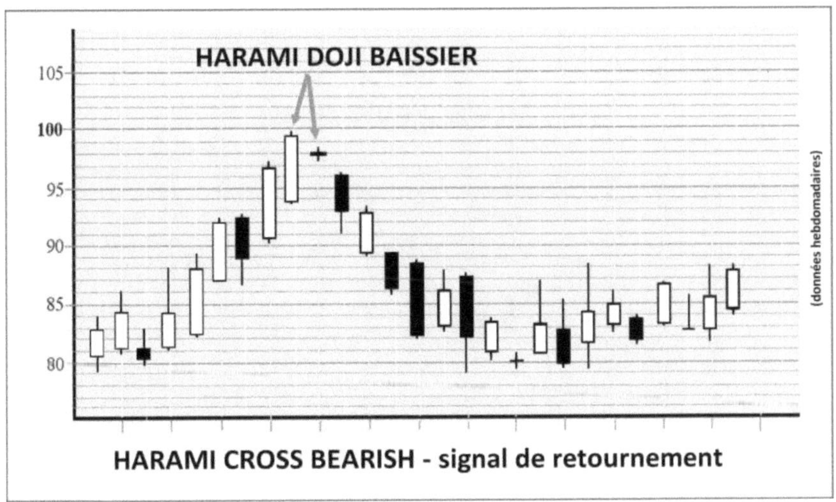

C'est un signal assez fort de retournement de tendance.

HARAMI DOJI HAUSSIER

Harami cross bullish

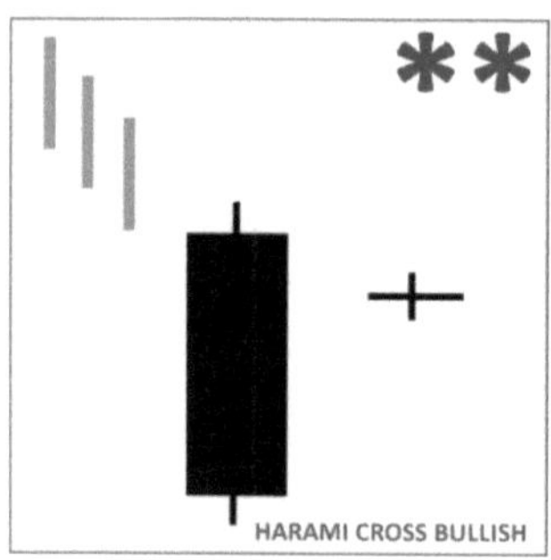

C'est un signal assez fort de retournement de tendance après une série de séances baissières.

Logique du marché : après une tendance baissière plus ou moins longue, les vendeurs commencent à perdre foi en la baisse et si le HARAMI est suivi d'une journée de hausses (non présentes sur le dessin), les demandes d'achats devraient devenir majoritaires et pousser le cours vers le haut.

Le signal de retournement est d'autant plus fort que :

1. le corps du DOJI, chandelier n°2, se trouve dans la zone haute du corps du chandelier n°1 ;
2. le chandelier n°1 englobe la totalité du chandelier n°2, ombres comprises.

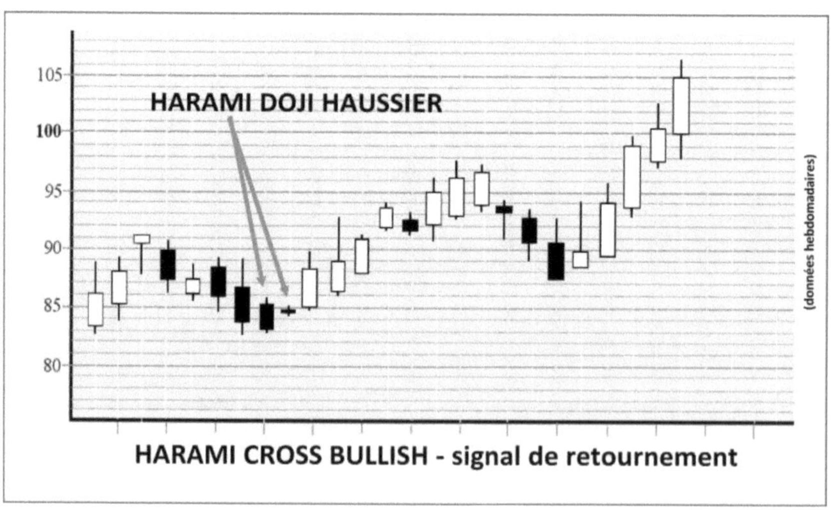

C'est un signal assez fort de retournement de tendance. Mais l'attente de la confirmation est conseillée.

TRI-STAR BAISSIER

Tri stars bearish

La constellation TRI STAR BAISSIER signale souvent l'arrêt d'une série de séances haussières.

Logique du marché : si un DOJI seul est déjà caractéristique pour l'incertitude du marché, trois DOJI à la suite ne peuvent que renforcer l'expression de l'incertitude du marché.

Composition :
1) Première séance : un DOJI après un UPWARD-GAP (gap ascendant).
2) La séance suivante (2ème séance) doit s'ouvrir avec un autre UPWARD-GAP significatif (gap ascendant). Le corps de ce deuxième chandelier est un DOJI avec très peu d'ombres.
3) La 3ème séance commence avec un DOWN-GAP (gap descendant).

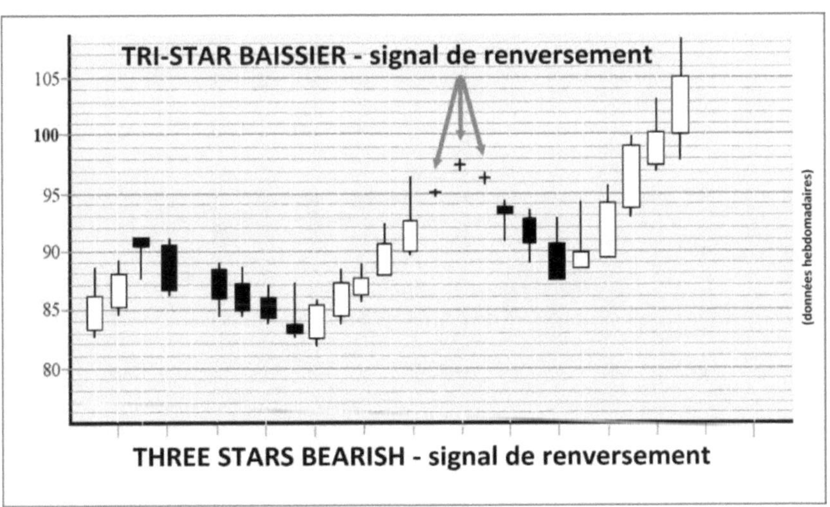

Cette constellation du TRI-STAR est très rare, mais exprime une grande probabilité d'un changement de tendance vers la baisse.

TRI-STAR HAUSSIER

Three stars bullish

La constellation TRI STAR HAUSSIER signale souvent l'arrêt d'une série de séances baissières.

Logique du marché : si un DOJI en soi est déjà caractéristique pour l'incertitude du marché, trois DOJI à la suite ne peuvent que renforcer l'expression de l'incertitude du marché.

Composition :
1) Première séance : un DOJI après un DOWN-GAP (gap descendant).
2) La séance suivante (2ème séance) doit s'ouvrir avec un autre DOWN-GAP significatif (gap descendant). Le corps de ce deuxième chandelier est un DOJI avec très peu d'ombres.
3) La 3ème séance commence avec un UPWARD-GAP (gap ascendant).

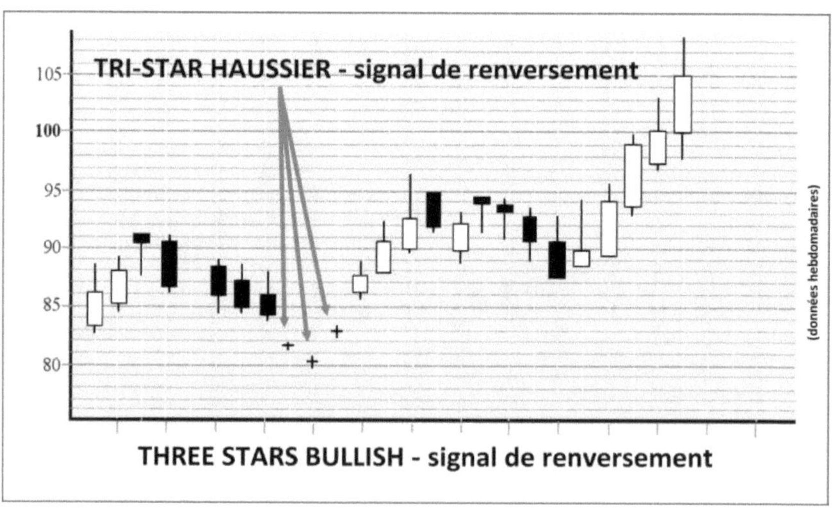

Cette constellation du TRI-STAR est très rare, mais exprime une grande probabilité d'un changement de tendance vers la hausse.

BÉBÉ ABANDONNÉ DU MATIN

Abandoned baby bullish

Dans cette constellation les ombres des chandeliers jouent un rôle important.

La constellation DU BÉBÉ DU MATIN signale l'arrêt d'une série de séances baissières.

Composition :

1) Première séance : une longue bougie noire prouve que les offres de vente sont encore majoritaires en tirant le cours vers le bas.

2) La séance suivante (2ème séance), s'ouvre avec un DOWN-GAP significatif (gap descendant). Le corps de ce deuxième chandelier est un DOJI avec très peu d'ombres qui exprime l'équilibre entre les offres et les demandes.

3) La 3ème séance commence avec un UPWARD-GAP (gap ascendant). Pendant la séance le cours monte très fort pour rentrer au maximum dans le corps de la première bougie. Les demandes d'achat sont majoritaires et poussent le cours vers le haut.

Dans cette formation les ombres jouent un rôle important : entre l'ombre du bas du chandelier noir et l'ombre du bas du chandelier blanc et l'ombre supérieure du DOJI, il y a toujours des GAP.

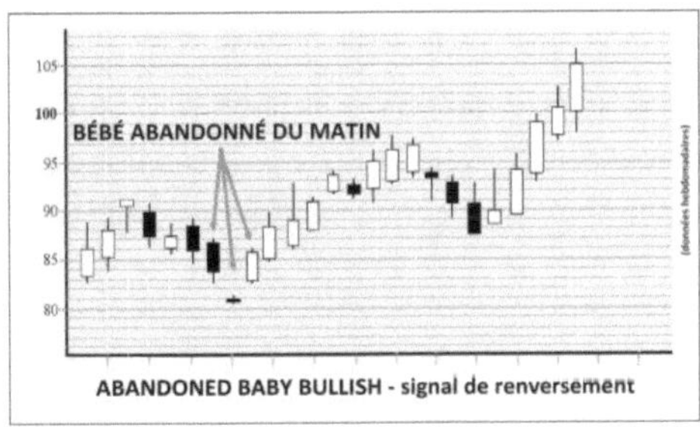

Le DOJI ne possède donc aucun contact avec les deux chandeliers, d'où le nom de BÉBÉ ABANDONNÉ !

BÉBÉ ABANDONNÉ DU SOIR

Abandoned baby bearish

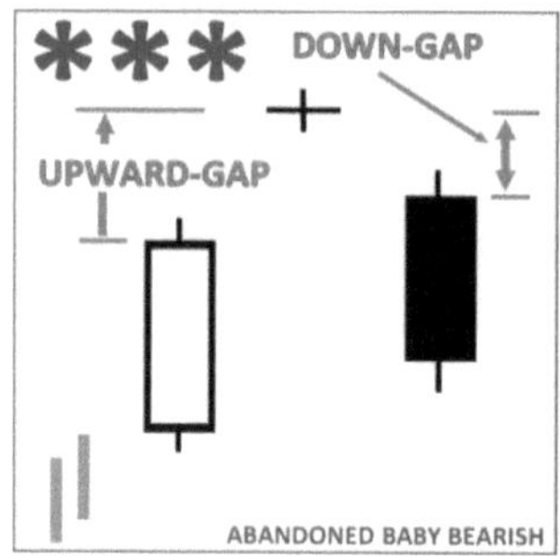

La constellation DU BÉBÉ DU SOIR signale l'arrêt d'une série de séances haussières.

Composition :

1) La première séance présente une longue bougie blanche et prouve encore la force des acheteurs en tirant le cours vers le haut.

2) La 2ème séance s'ouvre avec un UPWARD-GAP significatif (gap ascendant). Le corps de ce deuxième chandelier est un DOJI avec très peu d'ombres. Il exprime l'hésitation des boursiers avec un équilibre total entre vendeurs et acheteurs.

3) La 3ème séance commence avec un DOWN-GAP (gap descendant). Pendant la séance le cours descend très fortement pour rentrer un maximum dans le corps de la bougie blanche de la première séance. Les offres de vente sont majoritaires et provoquent la descente des cours.

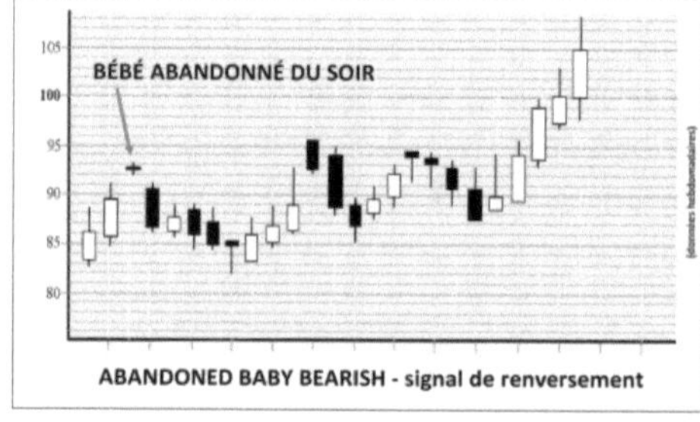

Dans cette formation les ombres jouent un rôle important. Entre l'ombre en haut de la 1ère séance et l'ombre en haut de la 3ème séance et l'ombre en bas du DOJI de la 2ème séance, il y a toujours des GAP importants.

Le DOJI ne possède donc aucun lien avec les deux chandeliers. D'où le nom de BÉBÉ ABANDONNÉ !

ANNEXE

Les VOLUMES des échanges

Le PER (Price Earning Ration)

Les VOLUMES des échanges

Aucun investisseur raisonnable n'entreprend une quelconque action d'achat ou de vente basée sur une seule information boursière venant soit d'une analyse fondamentale, soit d'une analyse technique. Qui aurait le courage de mettre ses capitaux en jeu seulement après avoir entendu dans un couloir que telle ou telle action va apporter la fortune ? Qui risquerait ses économies ensuite d'un seul signal d'achat ou de vente dans un graphique des chandeliers japonais ?

Si le trader professionnel peut s'engager à l'aide de son expérience et de son outil informatique performant dans des voies de la spéculation à haut risque, le trader particulier débutant en bourse sans connaissances professionnelles des marchés financiers est bien conseillé de diversifier ses investissements le plus largement possibles, mais aussi de se limiter dans ses recherches du meilleur placement possible sur trois outils :

1) Une information facile à obtenir et très révélatrice venant d'une analyse financière : le PER.
2) Un signal fort d'une analyse technique, venant par exemple des chandeliers Japonais.
3) L'information du VOLUME ÉCHANGÉ liée au signal précédent.

Ces trois renseignements combinés n'octroient aucune garantie de réussite, mais le boursier met au moins de sérieuses chances de son côté pour ses actions en bourse.

Pour cette raison, il est très important de prendre en considération le volume de titres échangés pendant la séance. Du volume d'actions échangées, le boursier peut tirer d'importants renseignements concernant la situation du marché, sur l'importance de signes donnés par les charts ou la force des lignes de résistance ou de support.

- Par exemple : dans une tendance haussière un signal de changement de tendance se présente, mais le nombre des actions échangées a été très faible. Alors vu la faiblesse du signal, le boursier ne peut prendre aucune position ni d'achat ni de vente et est obligé d'attendre d'autres indices dans les séances suivantes.

- Autre exemple : dans une tendance haussière apparaît un signal de continuation et le volume de titres échangé a été très important. Le boursier est alors bien conseillé de s'installer immédiatement dans une position d'achat pour suivre la tendance et participer à l'évolution du titre.

Certains professionnels de la bourse disent que la lecture des VOLUMES ÉCHANGES est plus importante que n'importe quel autre graphique représentant les cours des valeurs. Il existe des ouvrages boursiers spécialisés qui ne traitent que de la lecture des graphiques représentant les VOLUMES ÉCHANGES. Vu l'importance donnée des professionnels aux VOLUMES ÉCHANGES, le particulier est bien conseillé de ne pas négliger ce potentiel d'informations sur l'échange des titres en bourse.

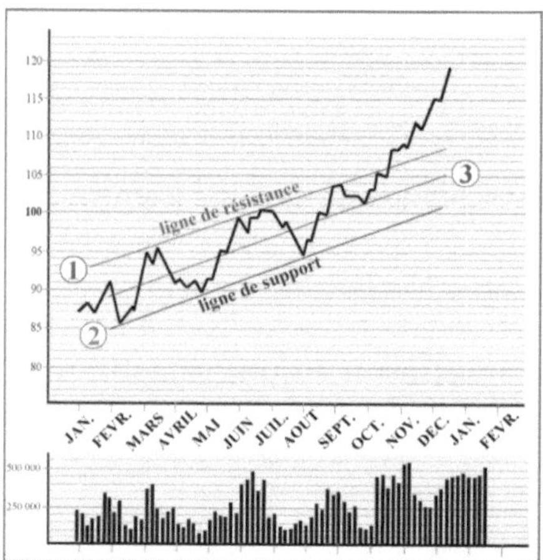

S'il existe plusieurs manières de présenter les VOLUMES ÉCHANGES, le boursier trouve le plus souvent un graphique sous les BarCharts ou sous les chandeliers en forme de bâtons verticaux, dont la hauteur représente la quantité de titres échangés.

Mais attention, l'information sur les VOLUMES ÉCHANGES n'est jamais plus qu'une information et ne doit pas être utilisée en elle seule. Le boursier particulier ne se base jamais sur UNE SEULE information !

Le PER (Price Earning Ration)

Mais le particulier possède plusieurs indices boursiers facilement accessibles, dont le PER, qui peuvent l'aider à faire son choix d'investissement. Le PER, le Price Earning Ration (en français "le Ratio Cours sur Bénéfices"), est dans la presse souvent symbolisé par "C/B".

Le PER se calcule en divisant la capitalisation boursière par le résultat net, ou en divisant le cours d'une action par le bénéfice net par action.

En principe, le PER est basé sur les données du dernier exercice annuel d'une société, mais certains analystes financiers utilisent des données prévisionnelles basées sur des anticipations de bénéfices (PER projeté).

1er exemple :

- la société est valorisée à la bourse avec un capital de 50 millions d'euros,
- elle a réussi un résultat annuel net de 6 millions d'euros,
- le calcul se fait en divisant 50 millions capital par 6 millions bénéfice annuel = 8,3333,
- le PER est 8,33.

2ème exemple :

- Le cours actuel d'une action est de 25 euros,
- le bénéfice net de l'année passée par action est de 3,00 euros,
- le calcul se fait en divisant le cours actuel de 25 euros par le bénéfice annuel par action de 3 euros = 8,3333,
- le PER est 8,33.

Ou autrement exprimé : l'investisseur devrait attendre $8^{1/3}$ années avant que s'amortisse son placement, que les dividendes remboursent le coût d'achat de l'action, sous condition que la société continue son développement stable sans changement important avec un même rendement annuel.

Le PER permet d'évaluer la cherté d'une action par rapport aux prix des actions des autres sociétés du même secteur : plus le PER est faible, plus l'action est considérée comme bon marché.

Exemple le 13.08.2012 de trois sociétés du secteur pétrolier :
4) ESSO / cours 57,20 euros / PER = 11,88,
5) MAUREL ET PROM / cours 12,94 euros / PER = 8,56,
6) TOTAL GABON / cours 339,85 euros / PER = 6,84,
7) TOTAL / cours 39,88 euros / PER = 6,64.

Conclusion : supposant un développement égalitaire des sociétés travaillant dans le secteur pétrolier, l'action de la société TOTAL peut être estimée sous-valorisée, celle d'ESSO survalorisée ou "chère" comparée à celle de TOTAL.

Ou autrement dit : sauf événement imprévisible et exceptionnel, comme p. ex. l'attribution d'actions gratuites ou la découverte par la société d'un nouveau gisement de pétrole, l'investisseur devrait attendre environs 6 années et 7 mois en achetant les actions de TOTAL ou 11 années et 10 mois et demie en achetant les actions d'ESSO avant amortissement de son investissement.

Le PER peut aussi révéler les spéculations des investisseurs, qui anticipent une forte progression des bénéfices à venir, provoquées souvent par des rumeurs, vu l'exemple précédent : l'attribution d'actions gratuites ou la découverte par la société d'un nouveau gisement de pétrole.

De telles spéculations peuvent créer des bulles boursières comme c'était le cas dans le passé avec la "bulle des start-up" du secteur des technologies nouvelles à la fin des années 1990 avec son apogée en mars 2000 ou, comme c'est à craindre actuellement avec une introduction en bourse d'une société américaine d'un réseau social sur internet qui annonce un PER prévu de 360,00 !!! Soit que les spéculateurs adjugent aux dirigeants de cette société des capacités hors normes à engendrer des bénéfices démesurés, soit que quelques spéculateurs hautement agressifs comptent sur l'incrédulité des investisseurs en espérant faire rapidement quelques fabuleuses plus-values avant que cette nouvelle bulle n'éclate.

Mais il se peut qu'un PER élevé soit justifié, par exemple en cas de restructurations de la société cotée ou de rachats d'autres sociétés auparavant concurrentielles.

Si l'analyse financière ou fondamentale reste surtout un outil de sélection pour l'investisseur à moyens ou longs termes, l'analyse technique basée sur les différents graphiques est un outil adjoint pour l'investisseur à moyens ou longs termes, et l'outil principal du trader et du boursier espérant des gains rapides sans connaissances approfondies des entreprises cotées.

"Les chandeliers Japonais, un guide contemporain sur d'anciennes techniques d'investissement venues d'Extrême-Orient" de Steve Nison – éditeur : Valor – année 1999 - ISBN-13 : 978-2909356082 ;

"Chandeliers japonais : Figures d'indécision et de continuation" de François Baron – éditeur : Eyrolles – année 2010 - ISBN-13 : 978-2212547238 ;

"Maitriser l'analyse technique avec Thami Kabbaj : 10 leçons pour gagner" – de Thami Kabbaj – éditeur : Eyrolles - année : 2011-
ISBN-13 : 978-2212549560 ;

"Maximiser vos profits avec les chandeliers : Comment déceler les meilleures opportunités pour optimiser vos gains" de Stephen-W Bigalow et Antoine Dublanc – éditeur : Valor – année : 2005 –
ISBN-13: 978-2909356402 ;

"Le Code secret des Bougies japonaises : Ce qui ne vous a jamais été dévoilé sur les bougies japonaises" de Felipe Tudela – éditeur : Gualino – année : 2006 - ISBN-13 : 978-2842009311 ;

"L'analyse technique des marchés financiers" de John J. Murphy – éditeur : Valor – année : 2004 - ISBN-13 : 978-2909356273 ;

"L'analyse technique expliquée" de Martin Pring – éditeur : Valor – année : 2003 - ISBN-13 : 978-2909356303 ;

"Nouvelles approches en analyse technique" de Rick Bensigor, John Murphy, Claude Merger – éditeur : Valor – année : 2006 –
ISBN-13 : 978-2909356457 ;

"Tout savoir sur l'Analyse technique" de Monique Walker – éditeur : Gualino – année : 2008 - ISBN-13 : 978-2297004855 ;

"Candlesticks" de Geoffrey Wills – distributeur : Crown Publishers – année : 1974 - ISBN-13 : 978-0517514146 ;

"Encyclopedia of Candlestick Charts" de Thomas N. Bulkowski – éditeur :
Wiley – année : 2009 ;

"Candlestick Charting Demystified" de Wayne A. Corbitt – éditeur : McGraw-
Hill – année : 2012 - ISBN-13 : 978-0071799874 ;

"Candlestick Charting for Dummies" de Russell Rhoads – éditeur : John
Wiley & Sons Ltd – année : 2008 - ISBN-13 : 978-0470178089 ;

"Candlestick-Charttechnik" de Thomas Gebert et Paul Hüsgen – éditeur :
Börsenbuchverlag – année : 2004 –
ISBN-13 : 978-3922669579 ;

"Technische Aktienanalyse" de Christian Schroder – éditeur : Grin – année :
2007 - ISBN-13 : 978-3638651066 ;

INTERNET

www.trading-school.eu – site en français d'apprentissage de la bourse ;

www.lobourse.com – site "Apprendre à gagner en Bourse";

www.abcbourse.com – site d'apprentissage de la Bourse ;

www.lesecho.fr – site du journal "Les Échos" ;

www.comprendrelabourse.com – site d'apprentissage pour futures boursiers ;

www.edubourse.com – site d'apprentissage pour futures boursiers ;

www.americanbuls.com – site d'apprentissage de la bourse en anglais ;

www.tradingsat.com - site d'apprentissage de la bourse en ligne ;

Logiciels boursiers

"Merops" est le logiciel boursier leader de la gestion de portefeuilles. Ergonomique et complet, il vous permet de suivre en toute simplicité vos investissements. Alimenté par un flux boursier des principales places boursières et doté d'outils avancés, il sécurise vos positions en vous donnant à tout moment l'état réel de vos portefeuilles. Ce logiciel de bourse est un shareware avec 3 niveaux d'activation :

- Version gratuite (nombreuses fonctionnalités gratuites, plus de 20 000 utilisateurs)
- Version Mérops FLUX (flux boursier : évaluation gratuite)
- Version Mérops ADVANCED (cabinet de gestion de patrimoine)

Editeur : AbcBourse.com * Mérops est un produit AbcBourse - disponible chez www.abcbourse.com – essai gratuit

"Axial Finance Premier"- Axial Finance Premier est un logiciel de nouvelle génération (pour PC, MAC et Linux), destiné aux investisseurs débutants ou confirmés il saura vous assister efficacement dans vos décisions boursières. Disponible chez www.axialfinance.com – Ariane Software / 50 rue Croix Bosset / 92320 SÈVRES – prix env. 254 €

"Axial Finance Expert" - logiciel de nouvelle génération, destiné aux traders et day-traders (pour PC, MAC et Linux). Il assure le haut de la gamme Axial Finance en offrant une plate-forme de réception des cours en temps réel ainsi que la programmation de Systèmes de trading avec BackTesting de stratégies. Disponible chez www.axialfinance.com – Ariane Software / 50 rue Croix Bosset / 92320 SÈVRES – prix env. 695 €

"Expert Chart" - logiciel développé par IT Finance. Cet outil fournit des graphiques en temps réel, des historiques consultables sur les 30 dernières années, ainsi qu'une gamme complète d'indicateurs à paramétrer. De plus, pour ne pas passer à côté d'une opportunité, vous avez la possibilité de configurer des alertes. Disponible chez www.startfinance.com – StartFinance / 13, Boulevard Haussmann / 75009 Paris

Impression : BoD - Books on Demand, Norderstedt, Allemagne